KB201964

몰트만과 함께 읽는

복음 이야기

몰트만과 함께 읽는 복음 이야기

초판 1쇄	2025년 4월 16일
지 은 이	신옥수
펴 낸 이	김현애
펴 낸 곳	예배와 설교 아카데미
주 소	서울특별시 광진구 아차산로73길 25
전 화	02) 457-9756
팩 스	02) 457-1957
홈페이지	http://wpa.imweb.me
등록번호	제18-19호(1998.12.3)
디 자 인	디자인집 02) 521-1474
총 판 처	비전북
전 화	031) 907-3927
팩 스	031) 905-3927
I S B N	979-11-93719-09-1

값 15,000원

• 잘못 만들어진 책은 교환해 드립니다.

몰트만과 함께 읽는

복음 이야기

신옥수 지음

WPA

목 차

"주께서 생명의 길을 내게 보이시리니
주의 앞에는 충만한 기쁨이 있고
주의 오른쪽에는 영원한 즐거움이 있나이다"
(시 16:11)

서문

독일의 조직신학자 위르겐 몰트만(Jürgen Moltmann, 1926-2024)은 70여 년에 걸친 신학 여정을 통해 현대 신학의 흐름을 선도해온 세계 신학계의 거목입니다. 그가 던진 신학적 화두는 종종 신학의 물줄기를 바꾸었고 그는 시대적 질문 앞에 늘 독창적이고 책임 있는 응답으로 신학의 방향을 새롭게 밝혔습니다. 동시에 하나님과 이웃을 깊이 사랑하고 교회와 세계를 진심으로 섬긴 신앙인이었습니다. 뜨거운 열정과 창의적인 통찰을 품은 그는 늘 신선한 영감과 매력적인 비전을 나누어 주었던 학자이며 따뜻한 인간미와 넓은 포용력을 지닌 세계시민이기도 했습니다. 특히 한국과 한국교회를 특별히 사랑한 독일 신학자로서 우리에게 진지하고 헌신적인 신학 작업의 본보기가 되어준 위대한 스승이었습니다. 몰트만은 고통받는 피조물에 대한 깊은 공감과 연대의 자세로, 누구보다도 교회를 아끼며 신실한 제자의 길을 몸소 실천한 그리스도의 제자였습니다. 학문적 영역에만 머무르지 않고, 삶의 현장을 외면하지 않으며, 영적 체험을 중시했던 그는 '삶의 신학자', '신앙의 신학자', '행동하는 신학자'로 불릴 만한 인물입니다.

제가 몰트만 교수를 처음 만난 것은 1996년 4월, 그의 70세 생신을 기념하여 저의 스승 미로슬라브 볼프(Miroslav Volf) 교수가 풀러 신학교에서 마련한 학술 심포지엄 자리였습니다. 전형적인 독일 신학자의 모습을 예상했던 제게, 그는 마음씨 좋은 시골 아저씨 같은 모습으로 다가와 강한 인상을 남겼습니다. 이후 한국을 방문하실 때마다 가까이에서 뵌 몰트만 교수는 늘 소탈하고 겸손했으며 선하고 열정적이며 유쾌한 분이었습니다.

몰트만은 초창기 그의 신학의 다소 진보적인 성격으로 인해 한국교회 내에서 오해받기도 했습니다. 그러나 풍성하고 넓은 그의 신학적 지평은 전 세계적으로 큰 영향을 끼쳤고, 특히 한국교회와 신학계에도 지대한 공헌을 해왔습니다. 1980년대 이후 그의 신학은 성경에 기반을 두면서도 복음과 현실의 갈등과 긴장을 회피하지 않고 오히려 '창의적 고통'(creative suffering)을 통해 새로운 패러다임의 전환을 이끄는 힘을 보여주었습니다.

그의 신학은 전통과 현대 사이의 비판적 대화를 통해 창의적으로 구성되었으며 끊임없는 질문과 응답을 통해 혁신적인 제안을 제시해왔습니다. 모든 신학적 사유의 밑바탕에는 복음을 이해하고 해석하며 전달하려는 열정과 헌신이 흐르고 있습니다. 그의 글은 신선한 통찰과 논리적 밀도, 탁월한 문제 해결 능력을 바탕으로 건전하고 통전적인 신학의 성격을 지니고 있습니다.

무엇보다 몰트만은 살아계신 하나님을 생생히 체험한 삶의 신학자입니다. 삼위일체 하나님의 영원한 사랑을 찬양하며, 이 세상의 고난을 외면하지 않는, 하나님의 고난 당하는 사랑(suffering love)을 깊이 통찰하고 증언한 전도자입니다. 그는 예수 그리스도의 십자가와 부활 사건을 다층적이고 입체적으로 해석해낸 탁월한 해석자이며, 그 고난과 영광을 감동적으로 들려주는 신학적 이야기꾼이기도 합니다.

몰트만은 삼위일체 하나님의 구원 드라마 속에서 하나님과 인간이라는 두 주인공을 균형 있게 조명합니다. 창조, 선택, 구속, 화해의 전 과정을 통해 변함없이 인간을 사랑하시는 하나님의 열정을 드러냅니다. 그는 성령 안에서 누리는 자유와 치유, 안식의 삶을 강조하며, 행복한 삶에 대한 갈망과 기대를 신학적으로 풀어냅니다. 특히, 하나님과 자신, 이웃과 세계 사이에 형성되는 '파트너십의 기도와 우정'을 감동적으로 묘사합니다.

몰트만 신학을 전공한 저는 이미 『몰트만 신학 새롭게 읽기』(2015)를 통해 한국교회와 신학계에 도움을 주고자 한 바 있습니다. 이번 책은 몰트만의 복음 이해를 바탕으로 하되, 제가 그의 신학을 소화하고 숙성시켜 풀어낸 내용으로, 그동안 축적된 신학적 성찰과 삶의 경험, 그리고 독창적인 사유가 담겨 있습니다. 이 책이 복음의 핵심을 보다 선명하게 이해하고 정리하는 데 의미 있는 길잡이가 되기를 소망합니다. 몰트만의 복음 이야기는 오늘 우리가 모두 귀 기울여 들어야 할 기쁜 소식입니다. 이 복음 이야기를 함께 읽으며 복된 여정에 동참하지 않으시겠습니까?

이 책에는 몰트만의 여러 저서와 더불어, 저의 기존 논문과 글들 가운데 일부를 수정·보완한 내용이 포함되어 있습니다. 『몰트만 신학 새롭게 읽기』(새물결플러스, 2015), 『하나님 나라와 회개하는 신앙 공동체』(한국장로교출판사, 2006), "몰트만(J. Moltmann)의 부활 이해"(『선교와신학』 50, 2020), "예수 그리스도의 죽음의 신학적 의미"(『교육교회』, 2006. 3), "행복한 기도의 신학"(『성서마당』, 2019. 1), "하나님 나라를 살다"(『성서마당』, 2025. 2) 등이 그 예입니다.

이 책은 딱딱한 교리서가 아니라, 쉽고 흥미롭고 알찬 이야기의 방식으로 복음을 풀어낸 저술입니다. 독자들이 천천히 음미하며 신앙의 살과 피가 되도록 정성껏 준비한 생명의 양식입니다. 아름다운 신앙의 식탁에 함께 둘러앉아 건강한 신앙과 행복한 삶으로 나아가시기를 바랍니다. 평신도도 이해할 수 있는 쉽고 알찬 신학을 추구해온 저의 미완의 작업이기도 하며 부족함이 있다면 온전히 저의 책임입니다. 이처럼 신앙과 신학의 맥을 뚫어 복음의 심장을 활짝 펼쳐 보이는 저술작업은 앞으로도 계속될 것입니다.

　이 책의 출간을 가능하게 해주신 모든 분께 깊이 감사드립니다. 하나님을 사랑하고, 자신을 사랑하며, 이웃을 사랑하는 모든 이들과 이 기쁨을 함께 나누고 싶습니다.

　그리고 저의 신학적 시야를 넓혀주시고, 신학의 깊이를 더해주신 몰트만 교수님께 이 책을 바칩니다. 이제 모든 사명을 내려놓고 하나님의 품에서 안식하고 계실 그분을 기억하며 깊은 존경과 감사의 마음을 전합니다.

"나의 힘이신 여호와여 내가 주를 사랑하나이다."

(시 18:1)

"나를 사랑하는 자들이 나의 사랑을 입으며 나를 간절히 찾는 자가 나를 만날 것이니라."

(잠 8:17)

"사랑하는 자들아 하나님이 이같이 우리를 사랑하셨은즉 우리도 서로 사랑하는 것이 마땅하도다."

(요일 4:11)

1
살아계신 하나님

"살아계신 하나님은 스스로 살아 계신 분일 뿐만 아니라, 하나님은 자기에게 가까이 오는 모든 사람을 소생케 하시는 분이다. 생명이 생명을 목말라한다. 한 생명이 다른 생명을 통하여 소생한다. 생명력이 있어야 힘이 솟는다. '살아계신 하나님'을 알게 되면 인간은 생명에 주리고 목말라한다. 현재의 상태에 만족하지 않고 더 나은 생명이 지금의 생명 속에 들어올 미래를 찾게 만든다."『살아 계신 하나님과 풍성한 생명』, 49.

"하나님을 찾는 자는 반드시 살기를 원하며, 살아계신

하나님을 발견하는 자는 충만한 생명으로 깨어난다. 하나
님의 영을 파악하는 자에게는 영의 능력이 생명의 기적을
위한 모든 감각을 열어준다. 그는 '영의 임재' 속에 있게 된
다."『나는 영생을 믿는다』, 119.

　　몰트만은 성경에 나타난 하나님을 살아계신 하나님으
로 묘사합니다. 어떤 개념(concept)이나 특정 대상(object)
혹은 원형(Archetype)이나 원리(principle)가 아니라, 활동
하는 존재(being)이신 하나님(God is in action)입니다. **살아
계신 하나님은 생명의 하나님입니다.** 모든 생명의 원천이며
삶의 에너지를 공급하시는 분입니다. 모든 생명을 끌어당
기는 매혹적인 분이면서 동시에 피조물에게 삶의 의미를
수여하시는 분입니다. 모든 생명을 살아 움직이게 하며 생
명의 기쁨과 행복을 누리도록 인도하시는 분입니다. 살아
계신 하나님은 자기의 피조물을 사랑하시고 그들로부터 사
랑의 응답을 기다리시며 그들의 사랑의 갈망을 채워주시
는 분입니다. 살아계신 하나님은 영원한 생명을 소유하고

풍성한 생명을 누리는 분입니다.

살아계신 하나님은 역사적인 분입니다. 과거와 현재, 그리고 미래의 시제를 포함하는 시간성을 지닌 분입니다. 하나님은 영원에 갇혀 계시지 않습니다. 영원한 하나님은 시간성(temporal eternity)을 지녔기에, 시간 안에 내재하며, 시간을 초월하고, 시간을 충만케 하시는 분입니다. 하나님은 시간의 흐름 속에서 스스로 영원히 계시는 분입니다. 그러기에 하나님은 세계 안에서 역사적으로 활동하시는 분입니다. 삼위일체 하나님은 인류 역사 속에서 창조와 구원, 새 창조의 역사를 이루어가십니다. 역사의 주인으로서 세계를 통치하십니다.

살아계신 하나님은 개방적인 분입니다. 자기 폐쇄적인 분이 아니라, 모든 피조물과 세계를 향해 자신을 개방하며 그들의 응답을 기다리면서 그들을 자신의 세계로 초대하는 분입니다. 하나님의 환대(hospitality)를 통해 그리고 하나님의 포옹 안에서 피조물은 자신을 실현할 수 있습니다. 하나님에 의해 창조된 세계는 '닫힌 체계'(closed system)가 아니라 '열린 체계'(open system)로서 고정되거나 확정적이지 않습니다. 미래를 향해 자유로우신 하나님 안에서 인간은 끊임없이 활동하며 자신의 미래를 열어갑니다. 하나님은 세계의 현실에 눈감지 않으시며 구체적인 상황을 외면하지 않습니다. 때로 세계에 의해 영향을 받는 일을 부끄러워하지 않으시고 기꺼이 자신을 내맡기시기도 합니다. 상호 관계 속에서 서로 의존하도록 자신을 내려놓으시는 일을 감수하시기도 합니다. 스스로 자신을 개방하실 뿐 아니라, 그의 피조물도 개방적인 존재가 되도록 인도하십니다.

살아계신 하나님은 오시는 하나님(coming God)**입니다.** 이에 관해서 몰트만은 "희망의 하나님"으로 표현합니다. 약속(promise)과 성취(fulfillment)의 도식 안에서 구원의 역사를 이루어가시는 하나님은 최종적인 종말로부터 우리에게로 다가오시는 하나님입니다. 과거와 현재를 이어가는 단순한 미래(*futurum*)가 아니라, 저 앞에서부터 우리에게 침입해 들어오는, 위로부터 꿰뚫고 내려오는 강림(*advent*)의 시간 속에서 우리를 찾아오시는 분입니다. 그러기에 역사 변혁적인 동력을 끊임없이 우리에게 제공합니다. "당신의 이름이 무엇인가"라는 모세의 물음에 대해서 "나는 스스로 있는 자이다"(I am who I am)라는 하나님의 답변은 곧 "나는 미래로부터 너희에게 올 자이다"(I will be who I will be)라는 의미가 포함된 것입니다. 미래를 자신의 존재 방식으로 가지는 하나님입니다. 하나님은 '우리 너머에' 계시며 "우리 안에" 계신 것만이 아니라, "우리 앞서" 계시며 "우리를 향해 다가오시는" 분입니다. 이런 미래의 하나님은 예수님 부활의 힘으로 자신을 확증하실 뿐 아니라, 종말론적 새 창조의 능력으로 역사하시는 초월적인 분입니다. 동시에 오시는 하나님은 우리의 현실을 꿰뚫고 들어와 세계와 역사 안에 내재하시면서 자기의 피조물이 고난과 악과 죽음의 세력을 극복할 수 있도록 힘을 부어줍니다. 오직 오시는 하나님만이 인류 희망의 근원입니다.

살아계신 하나님은 신실한 분입니다. 몰트만은 신구약 성경의 일관된 주제가 바로 "하나님의 신실하심"(God's faithfulness)이라고 역설합니다. 살아계신 하나님의 본질과 활동을 꿰뚫는 해석학적 열쇠(hermeneutical key)는 자신과 그의 피조물에 대한 하나님의 신실하심입니다. 그런데 하나님의 신실하심은 어디서 찾을 수 있을까요? 하나님이 자신의 피조물을 사랑 안에서 지으시고 은혜롭게 선택하신 데서 찾을 수 있습니다. 즉 하나님의 인간을 향한 관계성의 불변성을 가리킵니다. 인간의 거절과 반항과 배신과 반역에도 불구하고 먼저 그들을 포기하지 않는 하나님의 자비와 신실함입니다. 자신이 창조한 사람들에 대한 열정 (passion)으로 가득 한 하나님은 신실하심과 인내, 기다림 과 관용(forbearance)으로 자신의 정체성을 드러내십니다.

살아계신 하나님은 때로 인내하고 침묵하는 현존을 통하여 세상 속에서 활동하십니다. 이 현존을 통하여 자기의 피조물들이 스스로 전개할 수 있는 공간과 발전하기 위한 시간을 내어주고 그들이 멈추지 않고 활동하기 위한 힘을 계속 허용하십니다. 무엇보다도 예수님의 부활은 하나님 의 신실하심을 결정적으로 드러낸 사건입니다. 십자가에 서 고난 당하고 죽으신 예수님을 무덤에서 일으키시고 온 세상에 새로운 생명과 희망을 가져다주셨기 때문입니다. 예수님께서 약속하신 말씀 그대로 친히 죽음을 극복하고 영원한 생명을 허락하신 것은 그분의 성실하심을 만천하 에 드러낸 것입니다. 하나님의 신실한 사랑이 세계를 유지 하고 인도하는 원천(source)이요 자원(resource)입니다. 하 나님 사랑의 일관성(consistency)과 항상성(constancy)은 우 리의 자랑이요 소망입니다. 하나님의 오래 참고 견디는, 인 내하는 사랑이 우주를 붙들고, 만물을 소생시키며, 피조물의 삶을 강화(strengthen)합니다. 그러므로 우리의 믿음, 소망, 사랑의 근거는 한결같은 하나님의 신실한 사랑입니다.

살아계신 하나님은 만물을 돌보고 다스리시는 하나님입니다. 몰트만에 따르면, 살아계신 하나님에게는 섭리(*providentia*)와 약속(*promissio*)이 서로 연결되어 있습니다. 하나님의 섭리는 가능성을 미리 내다보는 것이며, 앞서 살피는 것인데, 이는 곧 하나님의 약속과 관련됩니다. 하나님의 약속은 우리가 신뢰하고 의지할 수 있는 하나님의 의도와 계획이며, 우리가 역사 속에서 실현해야 할 과제입니다. 그러므로 하나님의 섭리 방식은 단지 하나님의 독백(monologue)이 아니라, 인간과 함께하는 대화(dialogue)를 통해 이루어집니다. 하나님은 자신의 형상대로 창조된 사랑의 파트너인 인간과 함께 공동의 미래를 일궈가십니다.

몰트만은 하나님의 섭리가 운명론이나 결정론 또는 예정론과 다르다고 주장합니다. 전통적인 섭리의 세 가지 방식에는 첫째, 보존(conservation) 혹은 유지(sustaining). 둘째, 동행(concurrence) 혹은 협력(cooperation). 셋째, 인도(guidance) 혹은 통치(government)가 있습니다. 그런데 몰트만은 비결정론적인 '열린 체계'를 강조합니다. 하나님이 인간에게 자유를 허용하심으로써, 인간의 자유로운 응답을 기다리시는 분입니다. 전능하신 하나님은 스스로 자신을 제한하심으로써 인간에게 자유를 허용하고 존중하십니다. 인간의 자유를 배제하거나 억압하거나 제한하지 않고 인간을 인격적으로 대우하십니다. 그리하여 인간의 가능성을 최대한 보장하십니다. 이런 의미에서 하나님의 섭리는 협력적(cooperative)입니다. 하나님이 일방적으로 이끌어 가지 않고 인간과 손을 맞잡고 일하십니다. 하나님과 인간은 철저히 동역(partnership)의 관계라고 할 수 있습니다. 살아계신 하나님은 독재자나 독불장군이 아니라, 인간의 두 손과 두 발을 맞잡고 일하시는 동료(comrade)의 자리까지 자신을 낮추시며 활동하시는 매우 겸비한 분입니다. 살아계신 하나님의 긍정(yes)이 만물을 지탱하고, 자기 겸비의 방식으로 세계와 동행하며, 하나님의 사랑의 전능이 협력적인 인도와 통치를 이끌어 갑니다.

살아계신 하나님은 행복한 분이십니다. 하나님은 행복하신 분이며 자기 피조물의 행복을 원하시는 분입니다. 사랑을 함께 나눔으로써 피조물의 기쁨과 행복을 갈망하시는 하나님은 모든 생명에게 행복의 원천입니다. 몰트만은 하나님을 기뻐하시는 하나님으로 규정하며 하나님 안에 기쁨이 있다고 강조합니다. 기쁨은 생명의 능력에 근거하며 삶에 대한 긍정에서 나옵니다. 하나님은 만물의 찬양과 감사와 경배를 받기에 합당하신 분이며, 사랑과 기쁨과 평화가 넘쳐흐르는 분입니다. 그리하여 사랑의 파트너인 인간에게 생명과 건강, 평안, 행복, 형통이라는 삶의 원리를 제공해 주시는 분입니다. 하나님의 나라는 행복한 나라이며, 하나님의 통치는 사랑과 정의가 함께 만나 이루어지는 평화의 나라에서 실현됩니다. 새 하늘과 새 땅에서도 하나님은 여전히 하나님이시며, 인간 역시 변함없이 인간에 머무를 것입니다. 거기서는 살아 계신 하나님의 행복을 함께 누리는 복된 세계가 완성되어 영원하도록 계속될 것입니다.

2
춤추시는 하나님

"각 위격은 두 개의 다른 위격들 안에서 활동한다. 그들은 그 안에서 그들의 영원한 생동성을 전개할 수 있는 활동 공간들이다. 각 위격은 다른 두 개의 위격들 안에서 자기 바깥에 존재한다(ek-sistent). 자기 자신으로부터 나가게 하여 전적으로 다른 위격 안에 존재하도록 하는 것은 사랑이다. 성부는 성자와 성령 안에서 자기 자신에게 이르며, 성자는 성부와 성령 안에서, 성령은 성자와 성부 안에서 자기 자신에게 이른다. 이것은 삼위일체적 자기 바깥에 있음(Ekstasen)이다. 서로 상대방 안에 내주함으로써 삼위일체의 위격들은 서로 결합하여 통일성을 이루는 동시에 또한 서로 구분된다. 성부는 성자와 성령에 의한 그의 각기 다른 관계들을 통하여 성자와 성령을 구분한다. 이러한 방식으로 삼위일체의 위격들은 서로를 구분한다."『과학과 지혜』, 182.

"다른 관점에서 관찰할 때. 삼위일체의 위격들은 '위격들'일 뿐 아니라 서로를 위한 '공간들'이기도 하다. 각 위격은 다른 두 개의 위격들을 위한 활동 공간, 삶의 공간, 거주 공간이다. 페리코레시스의 힘으로 각 위격은 자기를 다른 위격들이 자기 안에 거할 수 있도록 만든다. 이것이 circuminsessio의 의미이다. 따라서 우리는 삼위일체의 위격에 대해서는 물론, 이와 동시에 삼위일체의 공간들에 대하여 말해야 할 것이다. 각 위격은 다른 위격들 안에 거하는 동시에 그들에게 공간을 내어준다."『과학과 지혜』, 183.

삼위일체 하나님은 춤추는 하나님입니다. 성부, 성자, 성령은 사랑의 관계 속에서 서로를 받아들이고, 서로에게로 들어가며, 서로의 삶을 나눕니다. 마치 둥

근 원(circle)과도 같이 하나 됨을 누리며, 신적인 윤무(輪舞, divine round dance)를 춥니다. 아름다운 사랑과 기쁨의 춤입니다.

페리코레시스는 상호 내주(mutual indwelling), 상호 순환(mutual reciprocity), **상호 침투(mutual penetration)를 가리킵니다.** 라틴어로는 *circuminsessio*와 *circumincessio*로 표현됩니다. 전자는 상호거주(*inhabitatio*)의 의미를 지니는데, 정적인 상태를 가리킵니다. 후자는 상호 침투로 표현되며, 활동적인 의미를 지닙니다. 즉 상호 동작의 운동을 의미합니다. 이렇게 페리코레시스는 성부와 성자와 성령의 상호 내주 상태와 함께 상호적 운동을 포함합니다.

성부와 성자와 성령은 서로 안에(in), 서로와 함께(with), 서로를 위해서(for) 존재합니다. 몰트만은 "인격 없는 관계가 없고, 관계가 없는 인격이 없다"(There is no person without relation. There is no relation without person)라고 주장합니다. 이는 성부의 인격이 성자와 성령과의 관계 속에 존재하는데, 이런 관계가 없는 성부의 인격은 불가능하다는 의미입니다. 성자와 성령도 마찬가지입니다. 성자 역시 성부와 성령과의 관계성 안에서 존재합니다. 성령 또한 성부와 성자와의 관계성 안에 존재합니다. 여기서 인격은 관계성과 공동체성을 지니고 있습니다. **성부와 성자와 성령은 각각 고유한 자기 정체성(self-identity)을 지니면서 서로 구별되는 자기 구별성(self-differentiation)을 가집니다. 그리고 상호 관계성 속에서 서로 의존하며 사랑을 나누는 관계적 존재(relational being)입니다.**

성부는 자기에게서 나와서(going out of self) 성자에게로 들어갑니다. 성자 역시 자기에게서 나와서 성부에게로 들어갑니다. 마찬가지로 성자는 자기에게서 나와서 성령에게로 들어갑니다. 이때 자기를 비우고(self-emptying), 자기를 낮추며(self-deprecating), 자기를 희생하는(self-sacrificing) 행동과 함께 상대를 받아들이는(embracing) 행동이 포함됩니다. 실제로 상대가 내 안에 들어오도록 하기 위해서는 자기 안의 공간을 그에게 내주어야 합니다. 그래서 몰트만은 페리코레시스를 '공간'(Raum)의 개념으로 설명하기도 합니다. 하나님은 '드넓은 공간'(broad place)을 자신의 자리로 삼고 계십니다.

페리코레시스는 사랑의 관계성입니다. 사랑은 '둘을 하나가 되게'(Vereinigung) 합니다. 마침내 서로 안에 있게 합니다.

"내가 네 안에, 네가 내 안에"라는 사랑의 절정(climax)에 이르게 되는 것입니다. **사랑의 사귐(koinonia)과 교제(fellowship), 연합(union)과 공동체(community, Gemeinschaft)를 이루는 것입니다.**

그런데 이런 **페리코레시스에서 성부, 성자, 성령은 한없이 자유롭고 서로 평등한 공동체입니다.** 누가 더 높고 더 낮고, 누가 더 크고 더 작은 게 아니라, 서로 겸비한 모습으로 섬기는 공동체입니다. **지배와 종속, 차별과 억압, 우월과 열등이 없는 온전한 사랑의 공동체입니다.**

이러한 **삼위일체 하나님의 페리코레시스는 인간 공동체의 유비적인(analogical) 모델이 되기도 합니다.** 물론 성부, 성자, 성령의 신적인 페리코레시스(divine perichoresis)는 인간들의 하나 됨과 비슷하지만 전혀 다릅니다. 인간은 신체적 실존을 지니고 있기에, 남성과 여성이 아무리 하나가 된다 해도 하나님처럼 완전한 하나 됨을 이룰 수 없기 때문입니다. 똑같이 상응(correspond)하는 게 아니라, 유비적으로 닮은 것일 뿐입니다. 그러므로 인간의 사회나 특정 공동체는 하나님의 자유롭고 상호 평등한 사귐의 공동체를 복사하듯이 재현할 수 없습니다. 그래서 하나님의 페리코레시스는 어떤 사회적인 프로그램(social program)이 될 수 없으며 단지 하나의 사회적인 비전(social vision)이 될 수 있을 뿐입니다. **그 어느 인간 공동체도 완벽하게 하나님의 사랑 공동체를 닮을 수는 없습니다.** 이 땅에서는 미로슬라브 볼프(Miroslav Volf)의 표현처럼, '역사적 최소치'(historical minimum)와 '종말론적 최대치'(eschatological maximum)의 긴장과 갈등 속에서 끊임없이 사랑의 공동체를 닮아가는 노력을 아끼지 말아야 합니다.

그런데 그리스도의 신성과 인성의 관계성을 설명할 때, 우리는 페리코레시스의 교제와 연합(perichoretic union)으로 설명할 수 있습니다. **신성이 인성 안에, 인성이 신성 안에 거함으로써 온전한 사랑의 사귐과 하나 됨을 이룰 수 있게 된 것입니다.** 마치 풀리지 않는 수수께끼처럼, 부정적인 방식으로 신성과 인성 사이의 관계성을 규정함으로써 어려움을 겪었던 신학의 역사를 돌아볼 때, 상호순환적 연합이라는 설명이 더 긍정적이고 적절한 방식이 될 수 있을 것입니다.

무엇보다도 **삼위일체 하나님의 페리코레시스적 관계는 파트너십(partnership)입니다.** 인격과 사역에서 삼위일체 하나님은 완전한 파트너십을 이룹니다. 창조와 구원 및 새 창조에서, 그리고 기도와 사랑의 사역에서 파트너십을 누립니다. 특히 사랑 사역에서 성부 하나님은 사랑 사역의 주체이며 사랑 그 자체입니다. 성부 하나님의 사랑은 자신의 독생자를 이 땅에 보내셔서 구원의 길로 인도하셨습니다. 성자 예수님은 자신의 희생을 통하여 성부 하나님의 사랑을 확증하셨습니다. 그리고 성령님은 성부와 성자가 서로 안에 거하도록 하며 그리스도인들이 사랑 안에서 하나님 안에 거할 수 있도록 내주하며 충만하게 하십니다. 즉 삼위일체 하나님은 페리코레시스의 관계 속에서 상호 나눔과 섬김 및 사귐의 관계를 누리는 파트너십의 모델입니다. 그리고 이는 곧 하나님과 인간의 관계를 파트너십으로 규정할 수 있는 근거가 됩니다. 하나님은 우리를 사랑의 파트너로 삼으셔서 태초 이래 지금까지 변함없는 신실한 사랑의 파트너십을 보여주셨으며 우리에게도 그것을 요청하십니다. 하나님은 남녀 인간을 동등하게 창조하셨으며 피조물로서 인간은 자연과 함께 하나님의 창조역사를 이루어가는 동등한 파트너입니다. 이렇게 하나님과 인간, 남성과 여성, 인간과 자연은 파트너십을 이룹니다.

무엇보다도 교회는 삼위일체 하나님의 형상을 반영하

는 공동체입니다. **성부와 성자와 성령이 서로 사랑 안에서 하나 되어(페리코레시스) 상호 나눔과 섬김, 사귐과 연합의 삶을 누리듯이 교회는 사랑을 훈련하고 실천하는 공동체입니다.** 따라서 사랑이신(요일 4:8, 16) 삼위일체 하나님의 형상으로 지음을 받은 남녀 인간은 상호 관계성 속에서 사랑의 나눔과 섬김을 통해 세상 속에서 하나님 사랑과 이웃 사랑의 공동체를 이루어가는 동역자입니다. 교회는 진정한 정체성을 회복함으로써 하나님의 형상을 세상 속에 드러내 보여주어야 합니다.

3
자기를 낮추시는 하나님

"하나님이 아니지만 하나님에게 상응하는 하나의 세계를 창조하심으로써 하나님의 자기 낮추심, 무소부재하신 자의 자기 제한과 영원한 사랑의 고난이 시작된다. 창조자는 그의 피조물이 그 속에서 존재할 수 있는 여지를 줄 수밖에 없다. 그는 피조물을 위하여 시간을 낼 수밖에 없으며, 또 그에게 시간을 허용할 수밖에 없다. 그는 피조물에게 자유를 허용하고 또 피조물을 자유롭게 대할 수밖에 없다. 그러므로 세계의 창조는 단지 '밖을 향한 하나님의 행위'일 뿐만 아니라 '안을 향한 하나님의 행위'이기도 하며, 따라서 하나님의 고난을 뜻한다. 하나님에게 있어서 창조는 자기 제한과 자기 자신의 철회, 자기 낮추심을 뜻한다. 창조적인 사랑은 언제나 고난을 당하는 사랑이기도 하다." 『삼위일체와 하나님의 나라』, 106.

"창조는 하나님의 사랑으로부터 오며, 이 사랑은 모든 사물들 자신의 현존과 피조물된 인간의 자유를 존중하기 때문이다. 사랑하는 자들에게 공간을 주고, 시간을 허용하며 자유를 부여하는 사랑은, 자기 자신을 거두어들일 수 있는 사랑하는 이들의 능력이요, 이리하여 사랑을 받는 자들이 성장하며 그에게 오게 된다. 그러므로 창조적 사랑에는 자기희생뿐만 아니라 자기 제한이 속하며, 좋아함뿐만 아니라 다른 자들의 특성에 대한 존경도 속한다. 이 인식을 창조자와 그의 피조물의 관계에 적용할 때, 피조물의 생명의 공간을 위한 신성의 전능과 전재와 전지의 제한이 여기서 뒤따른다." 『과학과 지혜』, 101-102.

왜 하나님은 세상을 창조하셨을까요? 하나님은 세상과

인간이 없어도 여전히 하나님이신데 말입니다. 그러나 하나님은 세상을 창조하셨습니다. 그리스도교 신앙은 창조주 하나님을 믿습니다. 성경은 "태초에 하나님이 하늘과 땅을 창조하셨다"라고 선언합니다. 그렇다면 창조의 의미와 목적은 무엇일까요? 어떤 신학자는 하나님께서 세상을 창조하신 것은 자신의 넘쳐 흐르는 사랑을 나누기 위함이라고 말합니다. 다른 한편 어느 신학자는 창조의 동기야말로 하나님께서 세상을 창조하려는 의지 때문이라고 주장합니다. 전자는 사랑이신 하나님의 본질에 의한 것이며, 이는 창조의 필연성(necessity)을 강조하는 것입니다. 후자는 하나님의 결단(determination)이 작용한 것이므로, 하나님의 자유(freedom)에 의한 것이라고 말합니다. 그러나 몰트만은 하나님의 본질과 의지가 서로 모순되거나 대립하지 않으며 오히려 하나님의 사랑과 자유가 상호 의존적이라고 역설합니다. 하나님의 자유로운 사랑과 사랑 안에서의 자유가 서로 모순 없이 세상을 창조하는 토대라는 것입니다. 하나님은 자신의 본질에 어긋나지 않게 사랑으로부터(out of love), 그리고 의지에 반하지 않게 자유로부터(out of freedom) 세상을 창조하셨습니다. 그래서 하나님의 사랑과 자유가 어떤 의미에서는 서로 보완적인(complementary) 것이 아니라 오히려 동의어(synonym)라고도 할 수 있다고 몰트만은 말합니다.

그렇다면 창조의 방식은 어떠했을까요? 하나님의 케노시스에 의한 것이라는 몰트만의 주장은 다음과 같습니다. 일찍이 유대교는 침춤(zimzum) 이론을 통해 하나님의 창조를 설명해 왔습니다. 수축과 축소를 의미하는 침춤은 창조 사건을 설명하는 유용한 도구입니다. 그리스도교에서도 전통적으로 예수 그리스도의 성육신과 십자가 사건을 케노시스로 설명해 왔습니다. 그러나 몰트만은 케노시스를 삼위일체 하나님에게 적용합니다. 즉 케노시스적인 창조, 케노시스적인 성육신과 십자가, 케노시스적인 성령의 내주 사건으로 이해하는 것입니다. **케노시스는 자기 제약**(self-restriction), **자기 철회**(self-withdrawal), **자기 제한**(self-limitation)**을 의미합니다.** 즉 스스로 물러나 상대에게 자리를 마련해 주는 것입니다.

몰트만은 케노시스적인 창조 사건에서 하나님이 자신을 비우고 낮추심으로써 세계에 무엇인가를 허락하셨다고 말합니다. 즉 **영원하신 하나님이 시간을, 무소부재하신 하나님**

이 공간을, 전능하신 하나님이 자유를 선물로 주셨습니다. 하나님은 자유로운 사랑 안에서, 사랑의 동기로, 자신의 것들을 아낌없이 나누셨습니다. 자발적으로 허용하신 것입니다.

그리스도의 성육신에서도 마찬가지입니다. 영원하신 분이 시간 속으로 뛰어 들어오시고, 무소부재하신 분이 유대 땅 베들레헴에서 태어나시고 나사렛에서 자라나 유대문화 속에서 살아가셨으며, 전능하신 분이 살과 피를 지닌 연약한 육체를 입으시고, 그 모든 유한성을 받아들이신 것은 바로 케노시스에 의한 것입니다. 십자가 사건에서 죽을 수 없는 분이 기꺼이 죽음을 맛보시고, 수치와 모욕과 고통을 겪으신 것도 다 케노시스의 행동이었던 것입니다. 바울은 이렇게 말하고 있습니다. "너희 안에 이 마음을 품으라 곧 그리스도 예수의 마음이니 그는 근본 하나님의 본체시나 하나님과 동등됨을 취할 것으로 여기지 아니하시고 오히려 자기를 비워 종의 형체를 가지사 사람들과 같이 되셨고 사람의 모양으로 나타나사 자기를 낮추시고 죽기까지 복종하셨으니 곧 십자가에 죽으심이라"(빌 2:5-8).

더 나아가 몰트만은 성령의 케노시스를 말합니다. **오순절 성령 강림 이후 성령께서 인간의 인격 안에 내주하시기로**

작정하신 것은 바로 성령의 케노시스에 해당합니다. 분명 성령은 우리와는 종류(kind)와 수준(class, level)이 다른데, 죄인인 우리 안에 들어오신다는 것은 사실 매우 수치스럽고 불편한 일이 아닐 수 없습니다. 그런데도 사랑의 파트너로 삼으신 인간을 자신 안에 받아들이고, 또 그 안에 거주하심은 참으로 은혜롭고 자비로운 행동이요, 지극한 자기희생의 행동이라 아니 할 수 없습니다. 우리와 더불어 먹고 마시며 사랑의 삶을 누리고자 하시는 삼위일체 하나님의 소원이 마침내 성령의 케노시스를 통해 가능해집니다. 진정한 코이노니아의 삶이 이루어진 것입니다. 그래서 성령은 코이노니아의 영이라 할 수 있습니다.

이렇게 우리는 하나님 행동의 일관성이 케노시스 사건에 젖어 들어 있음을 발견합니다. **우리는 케노시스적 창조, 케노시스적 성육신과 십자가, 케노시스적 성령의 내주와 임재를 말할 수 있습니다.** 만일 케노시스가 아니라면, 우리와 하나님 사이의 엄청난 간격은 결단코 좁혀질 수 없습니다. 시간의 차이와 공간의 거리를 허무시고, 온갖 장벽을 무너뜨리시며 우리를 찾아오셔서 사랑의 사귐을 원하시는 하나님의 케노시스만이 우리의 삶의 토대요 안전의 근거가 됩니다. 개미보다 못한 우리를 찾아오시려 허리를 굽히시고, 고개를 숙이시며, 때로는 무릎을 꿇고 우리의 눈을 맞추시면서 말 걸어오시는 하나님의 케노시스는 스스로 하나님이심을 드러내는 가장 강력한 행동이요, 표징입니다.

하나님의 케노시스는 우리에게 자기를 낮추고, 스스로 비우며, 먼저 섬기는 그리스도인의 삶을 가능하게 하며, '서로 발을 씻겨주는' 삶의 방식의 모태가 됩니다. 먼저 나누고, 베풀고, 양보하고, 손해 보는 삶은 하나님의 케노시스를 닮아가는 표지입니다. 예수 그리스도의 십자가의 자기 희생적인 사랑에 드러난 케노시스의 방식은 우리가 자기 중심성을 부인하고 자기의 유익보다 남의 유익을 더 구하는 사랑을 실천할 때 밝히 드러납니다. 성령 안에서, 성령의 능력으로 남을 배려하고, 끝자리에 앉으며, 먼저 대접하는 삶의 방식은 우리가 구체적으로 이웃 사랑의 열매를 맺도록 합니다.

4

하나님의 사랑

"하나님은 자기 긍정의 힘을 가지고 세상을 긍정한다. 하나님은 사랑하실 뿐만 아니라, 스스로 사랑이시기 때문에 그는 삼위일체 되신 하나님으로 이해될 수밖에 없다. 사랑은 한 고독한 주체에 의하여 수행될 수 없다. … 하나님이 사랑이시라면 그는 사랑하는 자인 동시에 사랑받는 자요 또한 사랑 자체이다. 사랑은 영원 전부터 자기를 전달하는 선이다."『삼위일체와 하나님의 나라』, 103.

"이(하나님의) 사랑이 그 자신으로부터 밖으로 나간다면, 그것은 태동하고 분만하는 사랑일 뿐만 아니라 창조적인 사랑이요, 본질에 있어서 필연적인 사랑일 뿐만 아니라 자유로운 사랑이다. … 하나님은 사랑이시다. 이것은 하나님은 생산적이며 그리고 창조적인 사랑임을 의미한다. 그는 자기와 같은 것에게 그리고 자기와 다른 것에게 자기를 전달한다. 하나님은 사랑이시다. 이것은 하나님은 본질적으로 그리고 자유롭게 응답하는 사랑임을 뜻한다. 하나님이 창조적으로 그리고 고난을 당하면서 세상을 사랑하는 그 사랑은 영원히 하나님 자신인 바로 그 사랑일 뿐이다. 거꾸로 창조적이고 고난을 당하는 사랑은 그의 사랑의 영원한 본질 속에 언제나 이미 포괄되어 있다."『삼위일체와 하나님의 나라』, 105.

몰트만은 하나님의 사랑에는 두 가지 종류가 있다고 말합니다. **자기 자신(안에 있는)의 사랑(self-love)과 이타적인 사랑(selfless-love)입니다. 첫 번째 하나님의 사랑은 자기충족적인 사랑(self-sufficient love)입니다.** 성부, 성자, 성령은 사랑의 관계 속에서 서로 자신을 내어주고 나누며 섬기는 공동체입니다. 하나님은 굳이 타자(other) 혹은 파트너(partner)가 필요하지 않으신 분입니다. 인간과 세계가 없어도 전혀 부족함이나 결핍이 없습니다. 영원부터 영원에 이르기까지 사랑의 사귐과 순환이 이루어지는 아름답고 행복한 삶을 누리고 계십니다.

그런데 두 번째 하나님의 사랑은 누군가를 필요로 하는 사랑입니다. 사랑은 홀로 이루어지지 않습니다. **사랑은 파트너를 창조하고 그와 함께 서로 사랑을 나누고자 합니다.** 사랑은 자신의 가장 좋은 것, 최상의 것을 누군가와 나누고 싶은 것이기 때문입니다. 이것을 "선의 자기 전달"(self-communication of the good)이라고 합니다. 하나님은 '사랑'(요일 4:8)이기에, 가장 좋은 것, 즉 '사랑'을 나누기 위해 파트너를 **'창조하는 사랑'**(creative love)을 하십니다. 넘쳐흐르는 하나님의 사랑이 생명을 창조하고, 생명을 유지하며, 마침내 새 창조의 동력이 되는 것입니다. 이렇게 하나님의 비이기적이고 이타적인 사랑이 인간과 세계를 창조하는 능력입니다.

하나님의 사랑은 하나님 바깥으로부터 그 어떤 강요와 압박을 받아서가 아니라, 그리고 하나님 자신 안에서의 그 어떤 필연성에 의한 게 아니라, 하나님의 자유로운 의지와 결단(decision)으로 말미암은 사랑입니다. **'자발적인 사랑'** 혹은 **'자원하는 사랑'**(voluntary love)입니다. 누가 시켜서가 아니라, 내키지 않는데 어쩔 수 없어서가 아니라, 기쁘고 즐겁게, 그리고 기꺼이 누군가를 사랑의 파트너로 삼아 사랑을 누리고자 한 것입니다. 참으로 은혜로운 행동(gracious action)입니다. 하나님의 자원하는 사랑이 세계와 인간을 창조한 것입니다.

그런데 하나님의 사랑은 태초부터 **자신을 비우고, 낮추는 사랑**(kenotic love)입니다. 하나님께서 세계를 창조하기 위해서는 자신의 고유한 자산을 비우셔야 했기 때문입니다. 예를 들면, 영원(eternity)하신 분이 스스로 물러나사 세계에 시간(time)을 선물로 주십니다. 계시지 않은 곳이 없는, 즉 무소부재하신(omnipresence) 분이 세계에 공간(space)을 허용하십니다. 그리고 전능(omnipotence)하신 분이 세계에 자유(freedom)를 주십니다. 이 모든 것은 다 하나님 자신을 우리에게 선물로 주시기 위해서, **자신의 것들을 희생하는 방식으로 사랑하신**(self-sacrificial love) 것입니다. 그 이유는 단 하나, 인간과 세계를 사랑하기 때문입니다. 자기 희생적인 사랑의 극치요 절정은 십자가에 못 박힌 예수 그리스도의 고난 당하는 얼굴입니다. 죽도록 사랑하는 자를 위해 자신의 하나밖에 없는 심장을 내어주는 희생이야말로 지상 최대의 값진 선물입니다. 거짓 없는 사랑이요, 더 보탤 것도, 더 뺄 것도 없는 참된 사랑이기에, 예수님의 자기희생적인 사랑은 온 인류에게 진리가 됩니다. 그 누구도 부정할 수 없는 진리 앞에서 우리는 아멘이라고 고백할 수밖에 없습니다.

그런데 하나님의 사랑은 처음부터 **'가슴 아픈 사랑'**(heartbroken love, wounded love)**이요, '고난 당하는 사랑'**(suffering love)입니다. 하나님은 자신의 성품을 그대로 쏙 빼닮은 인간을 인격적 존재로 창조하심으로써 겪어야 하는 사랑의 모험을 감수하셨습니다. 인간에게 자유를 선물로 주신 하나님은 파트너인 인간이 자신을 배신하고 거절하며 반역하고 불순종할 수도 있는 **'위험을 무릅쓰는 사랑'**(risk-taking love)을 자신의 몫으로 삼으셨습니다. 대부분의 사랑이 그렇듯이, 순간적인 강렬한 기쁨과 짧은 행복의 느낌 못지않게, 슬픔과 아픔 가득한 상처투성이의 감정도 받아들이기로 작정하신 것입니다. 아담과 하와의 범죄 이후, 이스라엘 백성의 온갖 죄악에도 불구하고 그들을 품어 안는 하나님의 가슴 속에는 눈물과 탄식과 고통의 자국들이 선명합니다. 하늘보다 높고 바다보다 넓은 하나님의 사랑은 때로 실패할 수도 있는 사랑의 위험을 자신의 두 어깨에 즐겁게 떠안는 파격적인 사랑입니다.

하나님의 사랑은 참으로 '**은혜로운 사랑**'(gracious love) 입니다. '**아가페**'(agape) **사랑**입니다. 모든 인간의 배신과 반역, 거절과 불순종을 능가하는 통 큰 사랑입니다. 하나님의 사랑은 우리의 배신을 두려워하지 않는 사랑, 반항도 너끈히 품을 수 있는 사랑, 거절에 대한 두려움을 능가하는 사랑, 배신에 대한 공포로부터 자유로운 사랑입니다. 그래서 아가페입니다. 여기서 파트너인 인간이 하나님의 창조 사역에 아무것도 공헌한 바가 없다는 사실이 매우 중요합니다. 그 어떤 도움도 드린 게 없습니다. 하나님의 사랑은 언제나 먼저 베푸시는 사랑입니다. 그래서 우리를 향한 하나님의 사랑은 **일방적이고 선행적인 사랑**(initiative love)입니다. 우리의 자격이나 조건, 업적이나 성취에 상관없는 **조건 없는 사랑**(unconditional love)입니다. 우리의 그 어떤 조건에도 얽매이지 않고(free), 쌍방적이거나 거래적이지 않으며, 조

금도 계산적이지 않은(noncalculative) 사랑입니다. 위로부터 아래로(top-down) 부어지는, 우리 바깥에서 뚫고 들어오는(*extra nos*), 아무런 준비도 되어있지 않은 우리에게 무작정 찾아오는 참으로 은혜로운 하나님의 사랑입니다.

하나님의 창조 사역은 사랑의 파트너를 창조하심으로써 자신이 행복할 뿐 아니라, 그 파트너와 행복을 함께 나누며, 영원토록 행복을 누리기를 원하시는 하나님의 자발적인 결단의 방식이며 그 열매입니다. 그러므로 하나님의 사랑은 생명의 에너지이며, 피조물이 생명과 건강과 평안과 형통과 행복을 누리도록 하는 삶의 원천(source)이요 안전(security)의 토대(foundation)라고 할 수 있습니다. **하나님의 영원한 사랑**(eternal love of God)**이 우리의 생명이요, 힘이며, 소망입니다.** 하나님의 사랑만이 세상이 끝나도 멈추지 않고, 마지막까지 남습니다(endure). 새 하늘과 새 땅에 이르기까지 우리가 변함없이 찬양할 노래는 하나님의 영원한 사랑입니다. 마침내 삼위일체 하나님의 얼굴을 뵈며 우리가 고백할 말은 단 하나입니다. "하나님의 신실한 사랑이 모든 것을 이깁니다."

5
하나님과 고난

"하나님과 고난은 유신론이나 무신론에 있어서와 같이 서로 모순되는 것이 아니라, 오히려 하나님의 존재는 고난 가운데 있고, 고난은 하나님의 존재 자체에 있다. 왜냐하면 하나님은 사랑이시기 때문이다."『십자가에 달리신 하나님』, 331-332.

"하나님은 고난받을 수 없는 분이 아니라, 오히려 그는 그의 쉐키나 속에서 그의 백성의 고난에 대하여 자기를 개방하며, 아들의 성육신 속에서 세계를 구원하고자 하는 사랑의 고난에 대하여 자기를 개방한다."『과학과 지혜』, 103.

"사랑할 수 있는 자는 고통을 당할 수도 있다. 왜냐하면 그는 사랑이 초래하는 고통에 대하여 자기 자신을 개방하며, 그러나 그의 사랑의 힘 때문에 이 고통을 이길 수 있는 힘을 가지고 있기 때문이다." 『십자가에 달리신 하나님』, 337.

몰트만은 고난 때문에 하나님의 존재를 부정하는 무신론과 하나님께서 고난을 경험할 수 없다고 하는 고전적 유신론(classical theism)을 넘어서고자 합니다. 고전적인 신론에서 말하는 하나님의 고난 불가능성(impassibility)과는 달리 몰트만은 하나님의 고난 가능성(passibility)을 긍정합니다. 그리스 철학의 영향을 받아 하나님을 정적인 존재(static being)로 이해하는 전통적인 하나님 이해에서 하나님은 변할 수 없고, 운동하지 않으며, 사멸하지 않는 존재입니다. 스스로 존재하기에, 파트너에 의해 영향을 받지 않으며, 따라서 기쁨과 슬픔, 즐거움과 분노와 같은 감정을 갖지 않는 무감동한(apathetic) 존재입니다. 이러한 하나님은 이 세상의 일에 초연하실 뿐만 아니라, 사람들의 고난 현실에 공감할 수 없는 분이기도 합니다.

그러나 몰트만은 하나님과 고난(God and suffering)을 결합해서 이해합니다. 즉 하나님은 고난을 겪으실 수 있다는 것입니다. **하나님은 상처받을 수 있고**(vulnerable), **변할 수 있으며**(changeable), **운동할 수 있습니다**(moveable). 파트너에 의해 영향을 받을 수 있으며 파트너에 의한 변화에 기꺼이 자신을 노출하기도 합니다. 그래서 파트너를 이해하고 공감하며 때로는 그들과 연대하기도 합니다. 특히 예수 그리스도의 십자가 사건에서 하나님은 고난을 겪으시는 하나님으로 자신을 드러내십니다. 몰트만은 "성부의 고통, 성자의 죽음, 성령의 탄식", 이렇게 삼위일체 하나님의 고난을 강조합니다. 여기서 "성자는 죽음을 겪으시고, 성부는 성자의 죽음의 고난을 겪으신다"라고 하면서 성부와 성자의 고난을 구분하기도 합니다. 다시 말하면, '하나님의 죽음'(death of God)이 아니라, '하나님 안에 있는 죽음'(death in God)을 말함으로써, **하나님 안에 고난**(suffering in God)**이 있음을 밝혀줍니다.**

하나님은 고난을 회피하거나, 고난에 무능한 존재가 아니라, 오히려 고난을 자신 안에 받아들여, 친히 고난을 겪으시며, 고난 당한 자들을 위로하시고, 그들과 연대하기까지 사랑이 충만한 분입니다. 심지어 죽을 수 없는 분이 죽음의 고난을 받아들이시기까지 철저히 낮은 자리로 내려오시는 분입니다. 그런데 거기서 바로 역전이 일어납니다. 죽음 앞에 무력한 것처럼 보이던 예수님이 오히려 무덤을 뚫고 일어나는, 죽음의 세력을 이기시고 마침내 죽음을 볼모로 삼아 인간을 위협해 오던 사탄적 세력을 이기시고 궤멸하시는 사랑의 능력이 드러났기 때문입니다. 이는 '**고난당하는 사랑의 전능**'(almightiness of the suffering love)입니다. 십자가와 부활을 통해 하나님의 무력함(powerlessness)이 아니라, 강력하고도 충만한 능력(powerfulness)이 온 세상에 드러난 것입니다.

여기서 몰트만은 하나님의 고난과 인간의 고난을 구별하고 있습니다. 과정신학의 경우에서처럼, 하나님의 고난이 하나님의 존재에 자연적이거나 필연적인 게 아니라는 것입니다. 하나님은 그 어떤 내적인 결핍(inner deficiency)이나 형이상학적 필연성(metaphysical necessity) 때문에 고난을 겪는 게 아니라, 자신의 자발적인 사랑에 의해 고난을 당하십니다.

다시 말하면, **하나님의 고난은 스스로 선택한 자발적인**

고난이며 사랑으로 말미암은 '**능동적인 고난**'(active suffering of love)**입니다.** 반면에 인간의 고난은 불가피한 고난이고, '수동적인 고난'(passive suffering)이며, 때로는 숙명적인 고난(fatal suffering)입니다. 몰트만은 고난의 세 종류를 다음과 같이 분명하게 규정하고 있습니다. 첫째, 원치 않는 고난(unwilling suffering)으로, 이는 외부적 요인들의 결과로 주어진 것입니다. 둘째, 어쩔 수 없이 받아들여진 수용된 고난(accepted suffering)입니다. **셋째, 능동적 고난**(active suffering)**인데, 이는 열정적인 사랑**(passionate love)**의 고난입니다.** 사랑으로 말미암아 기꺼이 자신이 다른 사람에 의해 영향받을 가능성을 열어놓는 '자발적인 고난'(voluntary suffering)입니다. **하나님의 고난은 자원하는, 열정적인 고난입니다.**

그러기에 몰트만의 '고난 당하는 하나님' 이해가 부적절하다는 주장은 옳지 않습니다. 하나님은 인간처럼 소극적이며 수동적인 의미의 고난을 겪는 게 아니라, 자발적이고 적극적이며 능동적인 고난, 즉 **제3의 고난**을 겪으시기 때문입니다. 게다가 몰트만의 고난 당하는 하나님이 고난에 취약할 뿐 아니라, 결국에는 고난을 극복하지 못하는 부족하고 연약한 존재라는 비판도 옳지 않습니다. 사랑은 고난을 뛰어넘기 때문입니다. 십자가에 달리신 예수님이 부활을 통해 고난을 뚫고, 죽음을 무력화시키며, 최종적인 승리에 이르렀듯이, 그리스도 안에 있는 자들 역시 고난의 현실을 통과함으로써 마침내 궁극적인 승리의 길을 걸어갈 수 있습니다. 사랑은 죽음보다 강하며, 긍휼은 심판을 이길 수 있기 때문입니다. 그러므로 십자가와 부활 사건은 고난의 현실 한복판에 놓여 있는 그리스도인의 삶의 준거(reference)요 기준(standard)이며 초점(focal point)입니다. 본회퍼가 말했듯이, "오직 고난 당하시는 하나님이 우리를 도우실 수 있다"라는 주장은 모든 그리스도인에게 참된 위로와 안식과 소망이 됩니다.

고난 당하는 하나님 이해는 우리가 홀로 남겨지지 않고 버림당하지 않으며 배척당하지 않는다는 사실을 확신하게 해줍니다. 하나님은 이 세상의 모든 고난과 아픔과 불행을 외면하거나 무시하지 않습니다. 고난 당하는 이스라엘 백성의 외침에 귀를 기울여 주시는 하나님, 삶의 중심을 잃어버리고 주변인으로 살아가는 도움 없는(helpless) 사람들의 호소에 응답하시는 예수님, 우리 삶의 깊은 자리까지 내려오셔서 우리의 작은 한숨 소리도 놓치지 않으시는 성령님이 계시기에 우리는 안심할 수 있습니다. 우리의 반응에 영향을 받으시기로 자원하는 하나님의 공감과 이해와 연대 행위는 우리에게 끊임없는 위로를 안겨줍니다. 십자가는 모든 고난 당하는 자들의 눈물을 닦아주고, 그들 편에 서주시는 예수 그리스도의 긍휼을 확증합니다. 그래서 십자가 그늘에서 우리는 참으로 안식할 수 있습니다. 이 땅의 고난의 한복판에서도 부활의 아침, 그리스도의 빈 무덤을 미리 내다보며 넉넉히 견뎌낼 수 있는 것입니다. 그리고 성령 안에서 우리는 고난을 극복할 능력을 덧입게 됩니다. 세상 끝날까지 함께하시는 성령의 임재와 동행 속에서 모든 고난을 넉넉히 이겨낼 수 있습니다. 고난 당하는 자들과 함께하시는 성령의 충만을 사모하며 나아갈 수 있습니다.

동시에 우리는 성령 안에서 자원하는 고난을 행할 수 있습니다. 우리의 실수와 허물로 인한 징계나 영적 삶의 연단을 위한 고난이 아니라, 하나님 나라와 의를 위하여 때로 핍박받는 것을 두려워하지 않는 것입니다. 예수님의 이름을 위하여 즐겁게 십자가를 지는 열정적인 헌신의 길을 걸어갈 수 있습니다. 자원하는 고난의 자리에 성령이 함께하십니다. "너희가 그리스도의 이름으로 치욕을 당하면 복 있는 자로다 영광의 영 곧 하나님의 영이 너희 위에 계심이라"(벧전 4:14). 자원하는 고난 속에서 우리는 그리스도의 고난의 깊은 의미를 발견하고, 이 세상의 다양한 고난의 현실에 대한 이해를 통해 하나님의 자녀로 성숙해 가는 것입니다.

6

하나님 사랑 안에 있는
자기 사랑, 이웃 사랑

"하나님의 은혜를 받은 인간의 하나님 사랑은 하나님 사랑만큼 넓어진다. 하나님이 사랑하는 모든 것은 인간의 하나님 사랑의 대상이 된다. 하나님이 그것을 사랑하기 때문이다. 모든 것이 하나님을 위하여, 하나님 때문에 사랑을 받는다. '하나님 사랑의 정점은 오직 하나님을 위하여 자기 자신을 사랑하는 데 있다.' 이웃도, 원수마저도 대상으로서 하나님 자신을 향한 하나님 사랑의 활동 속에 속하게 된다. 이웃과 죄인과 원수가 사랑을 받는다." 『생명의 영』, 378.

"인간에 대한 하나님의 사랑이 인간의 하나님 사랑보다

앞서며 인간의 하나님 사랑을 근거시키고 동기화시킨다는 것이 분명하다. … 그리스도의 보내심과 희생 속에서 하나님의 사랑이 성육신된 근거 위에서 하나님 사랑은 이웃 사랑 속에서 실현된다."『생명의 영』, 378.

"자기 신뢰의 강화는 또한 자기 사랑을 가져온다. '네 이웃을 네 자신처럼 사랑하라'고 성경은 명령한다. 키에르케고르(Kierkegaard)가 해석한 것처럼, 성경은 '네 이웃을 네 자신 대신에 사랑하라'고 말하지 않는다. 이웃 사랑은 자기 사랑을 전제한다. 자기 사랑은 이웃 사랑의 힘이다. 자기 사랑은 자유로운 삶의 기초다. 우리는 이것을 시험할 수 있다. 자기 자신을 경멸하는 사람이 어떻게 이웃을 사랑할 수 있겠는가? 자기 자신에게 관용적이지 못한 사람이 다른 동료 인간들을 어떻게 용납할 수 있겠는가? 자기 자신을 신뢰하지 못한 사람이 어떻게 다른 사람을 신뢰할 수 있겠는가? 자기 자신을 미워하면서 자신을 받아들이지 않는 사람은 다른 사람도 미워하지 않겠는가? 자기 증오야말로 지옥의 고통이다."『그리스도가 계신 곳에 생명이 있습니다』, 61.

전통적으로 그리스도교는 사랑의 이중 계명(double commandment)을 강조하고 그 실천을 독려했습니다. 그리스도인의 삶의 방식은 하나님 사랑과 이웃 사랑입니다. 실제로 예수님은 "율법 중에서 어느 계명이 크냐"라는 율법사의 질문에 대해서, "네 마음을 다하고 목숨을 다하고 뜻을 다하여 주 너의 하나님을 사랑하라 하셨으니 이것이 크고 첫째 되는 계명이요 둘째도 그와 같으니 네 이웃을 네 자신 같이 사랑하라 하셨으니 이 두 계명이 온 율법과 선지자의 강령이니라"(마 22:34-40)라고 대답하셨습니다. 여기서 반드시 유의해야 할 표현이 있습니다. "네 이웃을 네 자신 같이 사랑하라"라는 말씀입니다. 즉 이웃 사랑의 근거는 하나님 사랑이며, 동시에 건강한 자기 사랑을 토대로 가능한 것입니다.

　그런데 왜 그리스도교 신학에서 자기 사랑이 강조되지 않았던 것일까요? 네덜란드 개혁신학자 뻬르까우어(G. C. Berkouwer)는 그 원인을 아우구스티누스(St. Augustinus)에게서 찾고 있습니다. 그는 그리스도교로 회심하기 전에 성적으로 방탕하고 음란한 삶을 살았을 뿐 아니라 이단에 빠진 적도 있었습니다. 오직 하나님의 은혜를 힘입어 주님께 돌아온 후에 자신의 지난 삶을 돌아보니, 자신이 철저히 죄인이었으며, 이는 병적인 자기 사랑(self-love)에 기인했음을 발견하게 됩니다. 이기심과 욕심과 교만과 같은 죄의 현상은 그 뿌리에 자기 사랑을 두고 있다는 것입니다. 그리하여 이후 그리스도교 사상에서는 자기 사랑을 강조하지 않는 분위기가 조성되었고, 육체의 욕망을 죄악시하며, 이웃 사랑과 섬김에 더 비중을 둔 게 사실입니다.

그러나 몰트만은 하나님 사랑 안에서 자기 사랑과 이웃 사랑을 실천하는 게 그리스도인의 삶의 방식이며 과제라고 주장합니다. 하나님의 사랑을 받은 자는 건강하게 자신을 사랑할 수 있으며, 그런 자기 사랑에 힘입어 이웃 사랑으로 나아갈 수 있다는 것입니다. 즉 **하나님 사랑, 자기 사랑, 이웃 사랑, 이렇게 삼중적 사랑**(tripple love)**입니다.** 그런데 여기서 순서가 바뀌면 안 됩니다. 하나님보다 자신을 더 사랑하거나, 자신보다 이웃을 더 사랑한다면, 마치 우상을 숭배하는 것과도 같습니다.

하나님의 사랑을 힘입어 살아가는 자는 건강한 자기 사랑,

즉 자기 긍정(self-affirmation), 자기 존중(self-esteem), 자기 돌봄(self-care), 자기 관리(self-management)를 통해 행복한 삶을 누릴 수 있습니다. 건강한 자기 이미지(self-image)와 자기 정체성(self-identity)을 형성하고, 자기 책임적인(self-responsible) 삶을 살아갈 수 있습니다. 그럴 때 비로소 이웃을 향한 관심과 배려, 섬김과 존중의 삶을 시작할 수 있는 것입니다. 여기서 이웃은 동료 인간, 자연, 그리고 원수까지도 포함합니다.

그런데 자기 사랑의 근거는 오직 하나님의 사랑에 있습니다. 하나님 사랑의 파트너로 지음을 받은 자신을 사랑하고, 예수님에 의해 용서받고 용납받은 자신을 용납하며, 성령님의 돌봄을 받는 자신을 돌보는 것은 하나님의 사랑 안에 거할 때 가능합니다. 이는 오직 하나님의 사랑을 신뢰하는 믿음에서 옵니다.

하나님에 대한 신뢰에서 하나님을 향한 인간의 사랑은 시작됩니다. 하나님의 소유나 선물 때문이 아니라, 하나님의 존재에 대한 신뢰와 우리를 향한 하나님의 사랑에 대한 신뢰로 인해 우리는 하나님을 사랑할 수 있습니다. 하나님의 은혜를 받은 자는 하나님의 크고 넓은 사랑 안에 잠기게 되고, 이런저런 이유 없이 하나님이 사랑하는 모든 것들을 사랑할 수 있습니다. 모든 것은 하나님을 위하여 그리고 하나님 때문에 사랑받을 수 있기 때문입니다. 그래서 우리는 오직 하나님을 위하여, 우리 자신을 사랑할 수 있고, 또 사랑해야 합니다. 자기중심적이고 이기적인 자기 사랑이 아니라, 하나님을 사랑하는 하나의 방식으로 우리는 자신을 사랑하게 됩니다. 그런 의미에서 이웃도, 죄인도, 원수까지도 우리의 사랑의 대상이 됩니다.

몰트만은 진정한 자기 사랑이란 이기주의와 아무 관련이 없다고 말합니다. 오히려 이기주의와 자기혐오는 같은 것의 두 측면일 뿐이라는 것입니다. 자기 사랑은 자기 신뢰가 강화될 때 이루어지며, 자기 신뢰는 하나님 신뢰를 바탕으로 하여 생겨납니다. 우리를 향한 하나님의 신뢰는 우리의 능력을 일깨우며, 예상치 못한 새로운 힘을 줍니다. 성령은 우리에게 긍정적인 자기 신뢰의 능력을 제공함으로써 날마다 우리의 정체성을 강화해 줍니다.

하나님 사랑의 능력은 자기 사랑의 능력을 제공합니다. 자기에게 아무것도 없는데, 어떻게 이웃에게 무언가를 나눌 수 있을까요? 더 내려갈 데가 없는 사람이 어떻게 낮아질 수 있을까요? 병약한 사람이 어떻게 이웃을 돌볼 수 있을까요? 그러므로 "자기를 부인하고 자기 십자가를 지고 나를 따르라"라는 예수님의 말씀은 자기를 없애라는 게 아니라, 끊임없이 자기중심적인 삶의 방식으로 나아가는 데서 돌이켜 건강한 자기 사랑에 근거해서 자발적인 이웃 사랑으로 나아가라는 권고입니다.

이웃 사랑은 우리의 팔을 뻗쳐 상대에게 다가가는 것을 의미합니다. 자기 자신에서 나와서(going out of myself), 자신을 상대에게 개방하며, 상대가 만들어준 공간으로 들어가는 것입니다. 상대 역시 마찬가지입니다. 자신에서 벗어나, 상대에게로 나아가서, 상대로부터 받아들여지는 포용(embrace)의 경험을 쌓아가는 것이 이웃 사랑의 방식입니다. 최종적으로는 예수님의 십자가에서의 원수 사랑을 닮아가는 게 그리스도인의 가치이자 성품이 됩니다.

몰트만은 **이웃 사랑의 범위를 확장하여 원수 사랑을 강조합니다.** 상호성(reciprocity)에 근거한 인간관계의 법칙에 따라 서로 보복하고 대응하는 원수 관계를 넘어서는 일은 오로지 "창조적인 원수 사랑"의 방식을 따를 때 가능합니다. 미움을 미움으로 대응하고 원수에게 악행으로 보복하는 것이 아니라, 그들을 '하늘에 계신 아버지의 자녀'로 응대해야 합니다. 하나님의 사랑의 파트너인 그들을 제대로 이해하고 존중하는 태도와 함께 그들의 상황에 대한 바른 인식을 통해서, 불쌍히 여기며 공감하는 자세를 지닐 때 창의적인 원수 사랑의 발걸음을 내디딜 수 있습니다.

그런데 이 모든 사랑은 우리가 성령 안에 있을 때 가능합니다. **성령은 사랑의 영으로, 우리의 심장에 하나님의 사랑을 부어주십니다.** 하나님의 사랑을 깨닫고, 느끼며, 신뢰하게 합니다. 그럴 때, 하나님 사랑의 파트너로서의 자기 이미지가 좋아지고, 자기 정체성이 강화되어, 건강한 자기 돌봄이 가능해집니다. 성령 안에서 힘없는 이웃을 향한 눈이 열리고, 고달픈 삶을 살아가는 약자들을 향한 마음이 넓어지며, 아무런 도움 없는 이들을 향해 두 손을 뻗게 되는 사랑의 역사가 일어납니다.

더 나아가 이기심과 탐욕과 시기의 굴레에서 벗어나 이 세상의 모든 인간에 대한 연민이 불일 듯 일어나면, 미움과 분노와 적개심이 서서히 사라지며, 용서의 발걸음을 내딛게 되는 것입니다. 그러므로 **성령 충만은 하나님 사랑, 자기 사랑, 이웃 사랑의 충만입니다.** 이 땅에서 우리가 끊임없이 이루어가야 할 삶의 방식은 하나님 사랑, 자기 사랑, 이웃

사랑입니다.

　새 하늘과 새 땅에서 우리가 하나님께 보여드릴 것 역시 하나님 사랑, 자기 사랑, 이웃 사랑의 열매입니다.

7
예수 그리스도의 십자가

"십자가는 속죄이다. '왜냐하면' 하나님은 아버지이기 때문이다. 속죄하는 그리스도는 긍휼히 여기시는 아버지의 계시이기 때문이다. 적대적이고 죄 된 세계의 화해를 위한 속죄는 이 세계를 향한 하나님의 사랑의 고난의 형태를 가진다. 인간의 불의와 폭력으로 말미암아 상처 받은 하나님의 사랑으로부터 고통을 견디는 하나님의 사랑이 나오며, 하나님의 '분노'는 '자비'로 변한다."『생명의 영』, 212.

"이 신적 속죄 속에 하나님의 고통이 드러난다. 그러나 '하나님의 고통' 속에는 그의 피조물들에 대한 '하나님의 신실하심'과 그의 파괴될 수 없는 사랑, 곧 모순 속에 있는 세계를 견디고 그것을 극복하는 사랑이 드러난다. 하나님은 모순의 모순을 통해서가 아니라 그 자신이 모순을 당함으로써, 달리 말하여 심판을 통하여 모순 속에 있는 이 세계를 화해한다. 그는 죄인의 속죄를 위하여 그의 사랑의 고통을 견디어 낸다. 이리하여 하나님은 '죄인들의 하나님'이 된다. 그는 죄인들의 죽음을 원하지 않는다. 오히려 그들이 돌아서도록 하기 위하여 그가 그들에게로 돌아선다. 그들이 살도록 하기 위하여, 그가 그들의 죽음을 고통당한다." 『생명의 영』, 213.

몰트만은 예수 그리스도의 십자가를 전통적인 방식으로 이해하면서도 새롭게 해석합니다. 십자가 사건은 계시와 구원의 차원을 함께 지닙니다. **십자가는 삼위일체 하나님의 자기 계시입니다.** 그리스도교를 가장 그리스도교답게 하는 것은 바로 삼위일체 하나님 이해라고 할 수 있습니다. 삼위일체 하나님의 모습을 가장 가시적으로 그리고 결정적으로 드러내 보여주는 자리가 바로 십자가입니다. 그래서 **몰트만은 "십자가는 삼위일체의 내용적 원리이며, 삼위일체는 십자가의 형식적 원리"라고 주장합니다.**

예수님의 십자가에서 우리는 삼위일체 하나님을 볼 수 있습니다. 인류를 구원하기 위해 자신의 가장 사랑하는 아들을 내어주시는 성부, 그 성부의 뜻에 순종하여 자신을 드리는 성자, 그리고 영원부터 하나로 계시는 성부와 성자 사이의 연합을 굳게 묶고 있는 성령이 함께 사역하셨기 때문입니다. 십자가에 달리신 분은 성부 하나님이 아니라, 하나님의 외아들 예수님입니다. 성부가 죽은 것이 아니라, 그리고 성자가 단지 죽은 것처럼 보인 것이 아니라, 실제로 성자가 죽고, 무덤에 들어가셨습니다. 그래서 십자가 사건은 철학적 일신론을 포함한 여타 종교의 일신론을 부정합니다.

동시에 십자가 사건은 삼위일체 하나님의 성품을 적나라하게 보여줍니다. **몰트만에게서 그리스도의 십자가는 삼위일체 하나님의 사랑이 온전하게 계시되는 자리입니다.** "성부는 십자가에 못 박는 사랑이요, 성자는 십자가에 못 박히신 사랑이며, 성령은 정복당할 수 없는 십자가의 능력"입니다. 몰트만은 십자가에 나타난 그리스도의 자기희생적 사랑이 하나님의 영원한 본성이라고 역설합니다. 하나님은 사랑이십니다(요일 4:8, 16). 사랑이신 하나님의 결정적인 행동은 온갖 수치를 무릅쓴 채 인간의 몸을 입으시고 이 땅에 찾아오신 성육신의 사건에서 점화되어 마침내 십자가에서 철저히 연소(燃燒)합니다. 사랑 때문에, 사랑을 위하여, 사랑 안에서 인간을 창조하는 자유를 행사하신 바로 그 하나님이 사랑 때문에, 사랑을 위하여, 사랑 안에서 인간의 몸을 입으시는 자유를 행사하시고, 마침내 사랑 때문에, 사랑을 위하여, 사랑 안에서 인간을 위하여 죽을 수도 있는 자유를 행사하신 것입니다. 이처럼 우리를 향한 하나님의 지극하고 끔찍한 사랑이 바로 십자가에 달려 있습니다.

우리는 십자가에서 **하나님의 공의가 계시**되고 하나님의 거룩한 의가 드러나 있음을 발견하게 됩니다. 하나님의 사랑은 인간의 죄악을 무조건 덮어주고 감싸주는 것이 아니라, 불의에 대하여 진노하는 사랑입니다. 인간의 죄에 대하여 책임을 물으시는 하나님, 죄의 값에 대해서 반드시 심판하시는 하나님, 그래서 인간의 죗값을 대신 치르시는 예수님이 비록 자기의 아들이라 할지라도 끝내 형벌을 내리시는 공의로운 분이라는 사실이 명백하게 드러났습니다.

따라서 십자가는 하나님의 성품이 온전하게 계시되는 장소입니다. 하나님의 사랑과 공의가 모순 없이 함께 만나는 자리입니다.

그런데 죄인을 향한 하나님의 사랑과 죄에 대해서 형벌과 심판을 베푸시는 하나님의 공의는 서로 대립하거나 충돌하지 않습니다. 십자가에서 죄인의 불의에 대한 하나님의 진노와 참고 또 참으시는 하나님의 인내가 서로 만나게 됩니다. 그래서 **십자가에서 계시된 하나님의 사랑은 거룩한 사랑이고, 의로운 사랑이며, 진노하는 사랑이고, 인내하는 사랑입니다. 십자가는 온 인류를 향한 하나님의 긍휼이 오롯이 드러난 사건입니다.** 불타는 사랑의 열정으로 인해 기꺼이 고난을 자처하는, 마침내 죽음도 불사하는 사랑의 절정(climax)입니다. 실제로 고난 당할 수 없는 하나님이 그저 사랑한다는 이유만으로 죄인을 위해 고난에 스스로 몸을 내맡기는 처연한 몸짓입니다.

그리고 **예수님의 십자가는 하나님의 지혜와 능력을 계시합니다**(고전 1:18-24). 십자가는 보이지 않는 하나님의 형상입니다(the image of the invisible God). 세상 사람들의 눈에는 한없이 미련하게 보이는 게 오히려 하나님의 지혜이며, 무력하게(powerless) 여겨지는 것이 오히려 강력한(powerful) 것이라는 역설이 드러납니다. 십자가의 무력함 속에 하나님의 능력이 계시되었습니다. 부유한 분이 가난하게 되고 높으신 분이 자신을 낮추고 비움으로써 죄인의 자리까지 내려오시는 케노시스의 행동을 통해서 결국 하나님의 사랑이 고난 당하는 사랑이라는 사실을 밝혀준 것입니다. 몰트만은 "사랑할 수 있는 자만이 고난 당할 수 있다"라고 주장합니다. 오직 사랑 때문에 인간을 위하여 기꺼이 자발적으로 고난 당할 수 있는 하나님의 능력이 십자가에서 계시된 것입니다. 그래서 몰트만은 이것을 "고난 당하는 사랑의 전능"이라고 일컫습니다. 예수님의 자기희생적인 사랑이 모든 능력의 원천입니다.

그뿐 아니라 **예수님의 십자가에서는 인간성이 계시됩니다.** 사악하고 연약한 인간의 진정한 모습이 명백하게 드러납니다. 인간의 죄의 심각성과 현실이 적나라하게 폭로되는 것입니다. 하나님은 십자가에서 선언하십니다. "바로 이것이 너의 참된 모습이다"(This is where you are). 즉 인간과 세계에 대한 하나님의 철저한 부정(No!)과 심판이 선포됩니다. 그러므로 오직 십자가를 통해서만 우리는 참된 자신을 발견하고 우리의 진정한 현주소를 확인할 수 있습니다.

그리고 **예수님의 십자가는 마귀에 대한 승리의 사건입니다.** 십자가는 사단의 거짓말이 폭로되는 자리입니다. 사단은 태초 이래 거짓의 아비요, 훼방꾼이요, 대적자입니다. 하나님과 인간의 사랑을 대적하고 방해하며 파괴하는 적대적인 세력입니다. 그러나 예수님의 십자가는 "하나님은 너를 사랑하지 않는다. 그러므로 너도 하나님을 사랑할 필요가 없어", 이렇게 끊임없이 인류의 귀에 속삭여 오던 사단의 달콤한 미혹의 말들이 실제로는 거짓말이라는 사실을 폭로하고 있습니다(골 1:14). 사단의 정체가 기껏해야 별 볼 일 없는 거짓말쟁이라는 사실을 만천하에 드러낸 사건입니다.

예수님은 십자가의 죽음의 끝자락에서 생명의 능력을 드러내 보여주셨습니다. 자기의 죽음으로 말미암아 죽음의 세력을 철저히 무력화시키는 사랑의 승리를 가져오셨습니다. 예수님의 사랑의 능력이 온 인류의 죽음을 삼켜 버렸습니다(죽음의 죽음). 사랑은 죽음보다 강하며 죽음을 이긴다는 사실을 우주적으로 선언한 것입니다. 그리하여 십자가에서 사단은 결정적인 패배를 당하게 되었으며, 사단의 최후 운명이 폭로되고, 마침내 최후의 종말이 활짝 계시되었습니다(고전 15:55-57). 그뿐 아니라 예수님은 이제 영생의 문을 여사 자신의 피를 쏟고 살을 찢어 온 인류에게 새로운 피와 살을 공급하는 생명의 길을 허락하셨습니다. 길이요 진리요 생명이신 예수님께서 하나님 아버지께로 가는 유일한 길임을 확증하셨습니다.

예수님의 십자가는 구원의 사건입니다. 십자가의 죽음은 우리의 구원과 관계되어 있습니다. 이것은 **대리 속죄**(substitutionary atonement)**의 죽음입니다.** 몰트만은 십자가의 속죄를 단지 그리스도의 사역만이 아니라 삼위일체 하나님의 사역으로 서술합니다. **속죄는 성부의 자비로부터, 성자의 대리적 고난을 통하여, 성령의 해방하는 능력에서 나옵니다.** 그리스도의 죽음은 모든 죄인을 위한 대리적인 죽음입니다. 예수님과 우리의 자리를 맞바꾼 사건입니다. 이를 '즐거운 교환'이요 '거룩한 자리바꿈'(holy exchange)이라고 합니다. 예수님이 우리를 대리하여 죄인의 자리에서 하나님의 저주와 진노와 형벌을 당하셨습니다. 우리를 대리한 그리스도의 속죄는 세상을 위해 속죄하는 하나님의 대리 행동으로서, 삼위일체 하나님의 영원한 사랑의 능력에서 나옵니다(요 3:16; 요일 4:16). 진정한 사람이신 예수님이 모든 죄인을 '위하여' 그리고 그들을 '대신하여' 하나님에게 드린 온전한 제사입니다. 모든 인간의 죄를 덮는 속죄의 희생 제사가 드려졌습니다(히 9:13-14; 롬 3:23-24). 이는 불완전하고 차선책이었던 구약의 제사 제도의 완성입니다. 이렇게 예수님의 십자가에서 마지막 제사가 이루어졌습니다. 그러므로 예수님의 십자가의 죽음은 온 세상을 위하여 단번에(once for all) 이루어진 유일회적 제사입니다(히 9:12, 26, 28; 7:27; 10:10, 12). 구약시대에 반복적으로 행해졌던 제사처럼 다시 되풀이될 필요 없는 영원한 제사입니다. 예수님 자신이 대제사장이면서 동시에 희생 제물이셨던 거룩하고 유일한 제사입니다(히 9:25-26).

예수님의 십자가 죽음은 우리의 구속을 위한 죽음입니다. 예수님의 죽음은 죄악의 값을 치른 것입니다(막 10:45; 벧전 1:18; 롬 3:24-25; 고전 7:13). 죄악의 노예가 되었던 인류를 해방하기 위해 속전의 값을 지급한 값비싼 행동입니다. 이루 값을 헤아릴 수 없는 예수님의 생명의 대가를 치른 거룩한 희생의 행위인 것입니다.

마지막으로 **예수님의 죽음은 화해의 사건입니다.** 십자가의 죽음은 누구에게나 차별이 없는 만인을 위한 화해의 사건입니다. 특정한 소수의 사람만이 아닌 만인을 위한 죽음입니다(딤전 2:5-6; 롬 8:32; 고후 5:14-15). 죄악으로 인해 원수가 되었던 하나님과 우리 사이에 막힌 담을 헐고 화목하게 하시며 화평을 가져오는 사건이기 때문입니다(엡 2:14-16; 골 1:19-22; 고후 5:18-21). 마침내 하나님과 사람 사이에 사랑의 대화와 사귐의 관계성이 회복되었습니다. 그뿐 아니라 모든 피조물과 건강한 관계의 회복과 치유가 시작되어 그 완성을 기다리는 것입니다(롬 8:21; 골 1:20). 종말에 완성될 구원을 향해서 새 하늘과 새 땅을 소망하며 하나님 사랑, 자기 사랑, 이웃 사랑의 발걸음을 내디딜 수 있는 온 인류의 화해 축제가 시작된 것입니다.

그런데 **하나님을 대적하는 세상과 화해하기 위한 속죄는 하나님의 사랑의 고난의 방식을 통해 이루어졌습니다.** 하나님의 고난 속에서 모든 피조물에 대한 하나님의 신실한 사랑과 반항적인 세상을 극복하는 그의 다함 없는 사랑이 드러납니다. 마침내 불의와 폭력을 행하는 죄인들에게도 하나님의 속죄가 미치므로 하나님은 모든 죄인의 하나님이 되십니다.

이렇게 몰트만은 전통적인 속죄 신학의 객관적이고 법

적인 개념을 인격적이고 관계적인 개념으로 바꾸어 설명합니다. 즉 **그리스도의 속죄는 죄인을 향하신 삼위일체 하나님의 고난 당하는 사랑의 행동입니다.** '우리를 위한' 그리스도의 속죄하는 사랑이 십자가에서 계시되었습니다. 동시에 십자가 사건은 '우리를 대리하는' 그리스도의 대리적 속죄와 화해의 사건입니다.

몰트만은 속죄를 그의 피조물을 위한 하나님의 고난 당하는 사랑의 행동으로 이해함으로써 복음의 본질에 더 가깝게 설명하고 있습니다. 이런 그의 입장은 중세 안셀무스의 객관적인 만족설보다 아벨라르의 주관적 도덕 감화설에 기울어진 것입니다. 단지 하나님의 공의를 만족하기 위한 '우리 없이'(without us) 이루어진 속죄가 아니라, '우리를 향한'(for us) 하나님의 사랑에 감동 받아 사랑의 행동이 우러나오게 되는 것입니다.

그뿐 아니라 법적이고 객관적인 속죄 이해를 대표하는 루터와 칼뱅의 대리 형벌설과 형벌 만족설에 머무르지 않고 속죄에 관한 인격적 이해를 시도한다는 점에서 몰트만은 강점을 보입니다. **삼위일체 하나님의 사랑이 속죄의 근거입니다.** 십자가에서 철저히 무력하게 죽어갔던 예수님이 오히려 가장 강력한 생명의 힘을 보여줌으로써 하나님의 '고난 당하는 사랑의 전능'(almightiness of suffering love)을 만천하에 드러낸 것입니다. 이는 현대인들에게 훨씬 더 설득력 있게 다가갈 수 있는 접근이 될 수 있습니다.

십자가를 바라볼 때마다 우리는 하나님의 뜨거운 사랑에 설복당하지 않을 수 없습니다. 죄악과 불의와 불법에 대한 하나님의 불타오르는 진노에 전율하지 않을 수 없고, 우리의 진정한 실상에 눈이 열리면서 무릎을 꿇지 않을 수 없습니다. 하나님의 거룩한 자리바꿈의 은혜에 감사하지 않을 수 없으며, 자기 낮춤과 비움의 방식을 통한 예수님의 희생적인 사랑의 지혜와 능력에 압도당하지 않을 수 없습니다. 선행적이며 주도적인 하나님의 화해와 구속의 행동이 값없이 거저 베푸시는 것이며 언제나 변함없는 것임을 신뢰하지 않을 수 없습니다. 자기 생명의 값을 치르심으로써 영원한 구속을 이루시고 새로운 생명의 길을 허락하신 예수님 안에서 화해와 치유와 회복과 소망을 얻게 됩니다.

그리하여 죄악과 불의를 거절하고 사단의 거짓에 유혹당하지 않으며 죽음의 세력의 위협에 굴복하지 않는 용기를 갖게 됩니다. 마지막 제사요 율법의 개혁 및 완성이며 진리 그 자체를 드러내 보여주신 십자가야말로 삼위일체 하나님 자신을 우리에게 내어주신 참된 말씀이요, 길이요, 생명이며, 영원한 복음의 정수임을 확신하게 됩니다.

그리고 예수님의 십자가의 죽음은 고난 당하시는 하나님의 모습을 우리에게 보여줍니다. 우리의 고난을 외면하지 않으시고 함께 공감하시며(compassion) 때로는 눈물 흘리시면서 우리를 도우시는 하나님만이 우리를 도우실 수 있다는 본회퍼의 말처럼, 십자가에서 발견하게 되는 하나님은 우리를 위하여 고난 당하시는 하나님이며, 고난 당하는 인간들과 함께 계시는 분입니다. 그리하여 우리는 십자가를 부끄러워하지 않고 오히려 예수님의 뒤를 쫓아 남을 위하여 자신을 버리신 희생적인 사랑에 동참할 수 있게 됩니다. 이것이야말로 예수님의 죽음을 값싼 은혜(cheap grace)로 만들지 않고 값비싼 은혜(costly grace)로 만들어가는 우리의 과제입니다.

그러나 우리는 예수 그리스도의 십자가가 지니는 온전한 의미를 다 이해할 수 없습니다. 단지 십자가의 신비를 인정하고 그 앞에서 묵묵히 서 있을 수밖에 없습니다. 그래서 날마다 십자가에 대한 진지한 묵상과 성찰이 요청됩니다. 예수님의 십자가 죽음의 거룩한 뜻이 우리에게 좀 더 온전하게 계시되고 그 구원론적인 의미를 이해하며 실천하고 적용할 수 있도록 오직 성령님께 의지할 수밖에 없습니다. 그리하여 우리의 믿음이 깊어질수록 더욱 십자가를 사랑하는 사람으로 변화되기를 소망합니다. 우리의 삶이 계속되는 순간마다 시간과 영원의 한 가운데 놓여 있는 갈보리의 십자가를 찬양하며 하나님께 더욱 가까이 나아가게 되기를 기대합니다.

8

예수 그리스도의 부활

"부활은 결코 달콤한 말로써 위로해 주는 '피안의 아편'
이 아니라, 이 생명을 거듭나게 하는 능력이다. 희망은 하
나의 다른 세계를 바라보는 게 아니라, 이 세계의 구원을 바
라본다. 성령 안에서 부활은 단지 기대될 뿐만 아니라 벌써
경험되기도 한다. 부활은 매일 일어난다. 사랑 가운데서 우
리는 많은 죽음과 많은 부활을 경험한다. 우리는 살아있는
희망으로 거듭남으로써 부활을 경험한다. 우리는 이미 여
기서 생명을 일깨우는 사랑을 통하여 부활을 경험한다. 그
리고 우리는 해방을 통하여 부활을 경험한다. "주님의 영
이 계신 곳에는 자유가 있습니다"(고후 3:17)."『오늘 우리에

게 그리스도는 누구신가?』, 90.

　"우리의 경험에서 부활 신앙은 우리에게 운명 지어진 죽음과 대결한다. 내게서 부활 신앙은 사랑하는 자와 죽어가는 자, 고난 당하는 자와 애통하는 자의 하나님 신앙이고, 그래서 결코 신화가 아니다. 부활 신앙은 죽음에 맞선 사랑의 투쟁에서 그 의미를 얻는다. 우리가 생명 한가운데서 죽음에 맞서서, 그리고 지금 생명이 겪는 억압과 손상에 맞서서 저항할 때, 우리는 이미 여기 생명의 한복판에서 부활을 경험한다. 사랑 가운데서 부활은 단지 기대될 뿐만 아니라 이미 경험되기도 한다. 왜냐하면 사랑은 살리기 때문이다. 그리고 사랑은 아무도 그리고 아무것도 잃지 않는다. 사랑은 하나님이 만물을 회복하고 바로 세우며 그의 나라로 모을 미래를 바라본다. 이 위대한 희망은 우리의 작은 희망들을 강하게 만들고, 바로 세운다. 이것은 생명의 영 가운데 있는 예수님의 현존이다."『오늘 우리에게 그리스도는 누구신가?』, 8.

몰트만은 그 어느 현대 신학자보다도 예수님의 부활을 긍정합니다. 일찍이 그의 저서 『희망의 신학』에서 종말론적인 희망을 노래했던 몰트만은 일관성 있게 그의 신학의 초석을 예수님의 부활에 두고 있습니다. 특히 '몸의 부활'을 강조합니다. 사도신경에 나오듯이, 그리스도교는 "몸의 부활을 믿습니다." 이는 타 종교에 유비(analogy)가 없는, 유일하게 그리스도교에만 있는 신앙의 토대요 진술이라고 할 수 있습니다.

　몰트만은 십자가와 부활이 신학적 동전(theological coin)의 양면이라고 주장합니다. 즉 **십자가 없는 부활은 불가능하며 부활 없는 십자가 역시 무의미하다**는 것입니다. "십자가에 달린 예수님의 부활이며, 부활하신 분의 십자가"라는 그의 표현처럼, 십자가와 부활은 똑같은 사건의 두 측면입니다. 우리는 십자가에 달린 예수님과 부활하신 그리스도의 동일한 정체성을 부인해서는 안 됩니다.

　몰트만에 의하면 **그리스도교 신앙은 예수님의 부활과 함께 서고 함께 넘어집니다.** 그는 그리스도의 부활과 부활 신앙이 자기의 신학의 기초와 출발점이라고 주장합니다. 예수님의 부활이 역사적 사건(historical event)이면서 동시에 실존적 신앙(existential faith)의 성격을 지니고 있습니다. 그는 부활의 역사성을 인정하면서도 종말론적 신앙의 사건으로 부활을 이해합니다. 따라서 부활의 역사적 실재성에 대한 질문 못지않게 중요한 게 바로 부활의 실존적 경험입니다. 부활하신 그리스도와의 직접적인 만남은 실제로 제자들의 실존을 변화시키는 경험이었기 때문입니다.

그러므로 **성령의 활동 속에서 살아계신 그리스도와의 인격적 만남의 체험이 부활의 확실성과 유효성을 입증할 수 있다**고 봅니다. 초기 교회 부활 신앙은 단지 그리스도의 현현에만 근거를 둔 것이 아니며, 성령 안에서 그리스도의 임재를 경험하는 신앙의 실존과 관련되어 있습니다. 그래서 몰트만은 **부활하신 그리스도를 신앙하는 것은 부활의 영에 사로잡히는 것을 의미한다**고 주장합니다. 이렇게 **부활 신앙은 종말론적 신앙이며 부활 사건은 신앙고백과 선포의 대상입니다.** 그리스도교 신앙은 부활의 역사적 사실을 증명하는 것이 아니라, 오히려 부활을 선포하고 실천하는 것이라고 몰트만은 역설합니다.

몰트만은 성경에 근거하여 **빈 무덤과 부활 현현**을 함께 강조합니다. 특히 '봄'(*visio*)을 강조함으로써, 성령 안에서 예수님의 부활에 대한 인식이 가능하다고 합니다. 그런데 예수 그리스도의 부활은 계시와 구원의 차원을 함께 갖고 있습니다. 몰트만은 **부활을 삼위일체 하나님의 계시 사건으로 해석합니다.** 성경에 근거하여 성부와 성자와 성령의 공동사역으로 부활 사건을 이해합니다. **성부는 성자를 일으키시고 성자는 성령의 능력 안에서 일어납니다.** 우리는 그리스도가 영원한 성령을 통하여 자신을 하나님께 바쳤으며(히 9:14), 성령을 통하여 영원한 생명으로 "다시 태어났다"(고전 15:45)라는 표현에 주목해야 합니다. 하나님의 영으로부터의 '그리스도의 재출생'의 비유를 통해 삼위일체적 계시 사건으로서의 부활이 분명하게 강조됩니다.

예수님의 부활은 십자가 사건에 대한 하나님의 답변이요 하나님의 자기 칭의, 하나님의 아들의 칭의, 모든 죄인의 칭의(고전 15:17)**가 이루어진 것입니다. 결과적으로 부활은 하나님의 신실하심**(faithfulness)**을 결정적으로 드러낸 사건입니다.** 죄와 고난과 죽음의 폐기와 함께 죽음에 대한 하나님의 승리(고전 15:54-55)를 선포하는 하나님의 능력과 영광의 계시가 이루어진 곳이 부활의 자리입니다. 무엇보다도 종말론적으로 약속된 "죽은 자들의 부활"이 이미 예수 그리스도에 의해 시작되었으며, 최종적으로 죽음이 폐기되는 종말에 이르러 비로소 완성될 것이라는 사실이 계시된 것입니다.

예수님의 부활은 십자가 사건에서 이루어진 화해와 속죄의 효력이 발생하는 구원 사건입니다. 여기서 유의할 점은 구원 사건으로서의 십자가와 부활이 동일한 효력을 발생하는 것을 넘어서는 새로운 차원이 전개되고 있다는 것입니다. 그리스도의 부활 사건은 십자가에서 하나님으로부터 버림받은 상태의 극복이고, 모든 "부정적인 것들에 대한 부정"이며, 신자들의 영원한 생명의 근원이요, 약속으로 주어진 영생의 실현을 가져오는 구원 사건입니다. 예수 그리스도는 "죽은 자 가운데서 다시 살아나사 잠자는 자들의 첫 열매"(고전 15:20)요, "죽은 자들 가운데서 먼저 나신 이"(골 1:18)입니다. 그러므로 예수님의 부활은 죽음의 폐기와 만물의 새 창조를 보증하는 구원의 사건이며, 성령에 의한 종말론적 재창조 사건으로서의 신자들의 거듭남, 죽은 자들의 부활, 영생 등의 효력을 발생시킵니다.

몰트만은 **종말론적 선취**의 개념이야말로 예수님의 부활에 대한 설명에 가장 적합한 개념이라고 주장합니다. 그는 종말론적 새 창조의 선취(Vorwegnahme)로서 부활을 이해합니다. 예수님의 부활과 함께 역사의 마지막 날이 시작되었습니다. 종말론적 새 창조 사건은 부활하신 예수 그리스도에게서 이미 시작되었습니다. 예수님의 부활은 이미(already) 시작되었으나 아직 완성되지 않은(not yet) 종말론적 미래가 미리 앞당겨진 것입니다.

여기서 **종말론적 새 창조는 피조물의 죽음을 우주적으로 폐기함으로써 전적인 새로움을 가져오는 것입니다.** 몰트만에 의하면 유대교의 묵시 사상이 보편적 부활 사건으로서 "죽은 자들의 부활"을 주장하는 데 반해, 그리스도교의 부활 신앙은 메시아적 새 창조 사건으로서 예수 그리스도의 "죽은 자들로부터의 부활"의 비전으로 변형됩니다. 즉 죽은 자들로부터의 예수님의 부활은 죽은 자들의 완전한 부활과 하나님의 주권의 궁극적인 성취를 희망의 목표로 삼는 것입니다.

몰트만에게서 **부활의 상태는 전인적입니다.** 영혼과 육체의 통일체(Psychosomatic unity)로서의 인간의 구원을 강조하는 데 기초가 되는 것이 바로 **육체의 부활** 사상입니다. 육체의 부활은 전인 구원의 전제요 토대이며 방향성을 제시합니다. 몰트만은 플라톤의 영혼불멸설이 아닌 '몸의 부활' 사상을 주장합니다. 그는 전자가 인간 안에 있는 불멸의 어떤 것의 신뢰에 관한 견해이지만, 후자는 죽은 자들을 살리는 하나님에 대한 신뢰임을 밝힙니다. 여기서 유의해야 할 것은 **부활의 신체성**입니다. 부활은 영혼만이 아니라 영혼과 육체를 지닌 전인이 신적인 것으로 변화하는 것입니다. 그에 의하면 그리스도의 부활이 하나님에 의해 생명의 영을 통해 일어난 것처럼, 죽은 자들의 부활도 전체로서의 인간에게 일어나는 신체적 사건입니다. 즉 "죽을 몸도 살리실 것"(롬 8:11)입니다. 그리하여 몰트만은 영원한 생명이 신체적인(leibliches) 삶이라고 주장합니다.

여기서 유의해야 할 것은 몰트만이 **현재의 몸과 부활의 몸 사이의 연속성과 불연속성(continuity and discontinuity)을 함께 강조하고 있다**는 점입니다. 예수 그리스도의 부활하신 몸(soma)처럼 그리스도인은 영화롭게 된 몸(spiritualized body, 빌 3:21)을 기대합니다. 부활하신 그리스도의 몸은 "만질 수 있는, 그러나 만질 수 없는 몸"이었습니다. 즉 부활의 변용(Verkärung) 과정에서 그리스도를 만난 제자들은 그가 그리스도임을 인식할 수 있었으나, 부활 이전의 몸과는 다른 변용된 몸임을 확인할 수 있었습니다. 부활하신 그리스도의 몸은 나사렛 예수님의 육체와 다르지 않습니다. 동일한 인격적 정체성을 지니고 있기 때문입니다. 동시에 부활한 몸은 다른 존재 방식으로 변형된 몸입니다. 다시 썩지 않고 죽지 않는 질적으로 새로운 몸이기 때문입니다(고전 15:53). 이런 맥락에서 그리스도인의 부활은 변화(Verwandlung), 변형(Transformation) 등으로 표현될 수 있는데, 현재의 몸과 동일성을 유지하면서도 단절과 분리를 의미하는 불연속성을 지닙니다.

그런데 **부활의 첫 열매인 부활하신 그리스도와 그리스도인 사이의 사귐은 몸의 구원을 지향합니다.** 즉 성령의 전으로서의 육체는 영혼과 함께 생명의 영의 능력을 덧입습니다. 성령의 내주와 현존 안에서 영혼과 육체의 분리가 아닌 조화의 상태를 누리게 되고 부활의 영의 능력으로 죽음의 공포와 불안을 극복하게 됩니다. 이렇게 전인 부활 사상에 근거하여 구원의 현실성으로서의 몸의 가치가 보증됩니다.

최근에 몰트만은 죽은 자들의 부활, 육체의 부활, 몸의 부활 대신에 **'생명의 부활'**에 대해 말할 것을 제안합니다.

여기서 생명은 살아 존재했던 생명, 부정된 것이 아닌 긍정된 생명, 사랑받으며 받아들여진 생명을 의미합니다. 그러므로 생명의 부활은 사멸하고, 살아 존재했으며, 사랑받았던 현재의 생명이 부활하고 치유되며 완성된다는 의미에서 사용될 수 있다는 것입니다. 이 경우 생명의 한 부분으로서 죽음을 받아들이고 죽음에 대한 생명의 승리를 신뢰하며 영원한 생명으로 변용된 육체 안에서 살아 존재하는 것을 긍정할 수 있다고 몰트만은 역설합니다. 이를 토대로 그는 육체의 부활 사상이 우리에게 현실 세계 속에서 육체적이고 감각적인 삶의 활동을 강화한다고 주장합니다. 즉 죽음 이후의 삶에 못지않게 현세적 삶의 의미가 강조되는 것입니다.

몰트만에게서 부활은 육체와 영혼을 지닌 전인으로서의 부활을 뜻하기 때문에 살아있는 희망이란 지금 여기서 정신적이고도 육체적인 희망입니다. 육체의 부활에 대한 신앙은 육체에 대한 영혼, 물질에 대한 정신의 우위성이나 적대관계를 극복하고 상호 조화롭고 통합적인 관계성을 주장함으로써 **육체와 물질에 대한 긍정을 추구**하는 것입니다. 즉 **구체적인 삶의 현실에 대한 존중과 책임 있는 돌봄이 요청됩니**

다. 질병의 치유, 정서의 회복, 사회적 관계성의 관리 등 전인 건강을 추구하고 실현하는 것이 부활 신앙입니다.

몰트만에 의하면 부활 신앙으로 인해 그리스도인은 죽음의 세력의 강력함에도 불구하고 현재의 삶을 긍정합니다. 그뿐 아니라 역사와 세계에 대한 긍정적인 힘을 신뢰하면서 책임의식을 갖고 참여합니다. 이는 역사 속에서 시련과 투쟁을 통하여 신앙과 순종의 삶을 살아내는 것을 의미합니다. 부활의 미래는 신앙으로 십자가를 질 때 다가옵니다. 그리하여 **부활 신앙은 고난과 악의 현실 한가운데서 역경을 뚫고 일어서는 동력을 신자에게 제공합니다.**

현 세계와 다가올 새 하늘과 새 땅 사이의 연속성과 불연속성을 함께 강조하고 있는 몰트만은 역사와 사회에 대한 공적 참여 및 자연과 우주에 대한 생태학적 책임과 과제를 요청합니다. 부활 신앙은 개인적이고 피안적인 구원 이해를 벗어나 종말론적인 전망에서 공동체적이고 현실 책임적인 구원 이해로 나아가게 합니다. 몰트만의 부활 이해는 **생태학적**(ecological) **의미**를 지닙니다. 그리스도 부활의 우주적 차원은 단지 인간의 구원만이 아닌 자연의 구원을 포함하기 때문입니다. 죽은 자들로부터의 부활 사상과 자연의 부활은 따로 떼어내어 생각할 수 없습니다. 궁극적인 새로운 미래의 선취로서의 부활 이해는 모든 피조물의 구원을 목표로 하며 우주적 종말의 완성을 기대하기 때문입니다. 이런 의미에서 우주와 자연에 대한 생태학적 감수성과 책임적 돌봄의 과제를 수행할 수 있습니다.

예수 그리스도의 부활은 그리스도교인의 믿음과 소망과 사랑의 근거이며 토대이자 동력입니다. 몰트만에게 부활 신앙이란 과거의 부활을 기억하고 그것이 약속하는 종말론적 미래를 지향하는 것입니다. **부활 신앙은 곧 희망의 신앙이며 종말론적 구원 역사에 참여하는 신앙입니다.** 그러기에 부활 신앙은 죽음 이후의 삶으로 축소될 수 없습니다. 오히려 이 세상에서의 충만한 삶을 지향합니다. 부활은 죽음 이후의 상태에 대한 사변이 아니라, 희망 속에서 삶을 열정적으로 긍정하는 사랑의 동력을 제공합니다. 죽음에 대한 불안과 자기 상실에 대한 불안으로부터 우리를 해방하기 때문입니다.

부활은 죽음의 세력을 멸망시키고 영원한 생명이 개시되는 결정적 사건입니다. 그러므로 몰트만은 부활의 희망에서 생명의 경험이 생겨난다고 주장합니다. 죽은 자들의 부활과 새 창조를 희망하는 자는 부활의 영에 사로잡혀, 지금 여기서 다가올 세계의 능력들을 경험할 수 있기 때문입니다. 신자는 살아있는 희망으로 날마다 거듭날 것입니다. 그리하여 **부활 신앙은 모든 살아있는 생명을 사랑하고 긍정합니다.** 이렇게 성령 안에서, 성령을 통하여 부활의 과정에 참여하는 삶을 살아가는 신자에게 믿음과 소망과 사랑은 상호 관련되어 있습니다. **십자가에 달리시고**(고전 2:2) **부활하신 그리스도의 현존을 성령 안에서 체험함으로써**(갈 2:20), 그리스도의 고난의 사귐과 그리스도 부활의 능력을 동시에 경험하는 것이 그리스도인의 실존입니다.

이런 맥락에서 몰트만은 교회 현장에서의 부활 선포의 중요성을 설파합니다. 무엇보다도 **한국교회 현장에서 십자가의 속죄 복음 못지않게 강조되어야 할 것이 바로 부활의 복음 선포입니다.** 그리스도인은 그리스도와 함께 십자가의 고난과 죽음을 경험하면서 부활과 생명과 하나님의 의가 실현될 미래를 선포해야 합니다.

9. 성령 안에 있는 삶, 풍성한 생명

9
성령 안에 있는 삶, 풍성한 생명

"성령은 '모든 육체'에 부어진다. 성령은 육체와 영혼에 생기를 준다. 성령은 모든 인간으로 하여금 세상 안에서 하나님의 나라를 섬기고 소망하게 하며, 또 그들로 하여금 하나님의 나라 안에서 세상을 섬기게 한다. 다양한 성령의 능력이 그리스도의 공동체 안에서 함께 역사함은 세상 안에서 생명이 거듭나게 하기 위함이다." 『생명의 샘』, 129.

"성령 안에서 하나님은 친히 인간과의 '사귐' 안으로 들어오신다. 하나님의 생명이 우리에게 전달되고, 하나님은 인간의 생명에 참여하신다. 하나님은 그의 살리시는 가까움을 통해 우리를 감화시키시고, 우리는 우리의 생활, 기쁨과 고통을 통해 하나님을 감화시킨다. 생명의 영 안에서 바로 하나님과의 사귐이 생겨나는 것이다. 하나님은 우리에게 관여하시고, 우리는 하나님께 관여한다. 그럼으로써 성령은 우리 안에 선한 열매를 맺을 수 있다."『생명의 샘』, 117.

몰트만은 성령의 정체성을 두 가지로 설명합니다. 성령은 신적 인격(divine person)과 신적 능력(divine power, force)으로 구분할 수 있습니다. **성령은 삼위일체 하나님의 한 인격이며, 동시에 하나님의 능력이요, 힘입니다.** 성령은 인격으로 존재하는 하나님 그 자신입니다. 성령은 인격으로 존재하시기에 지성과 감성과 의지를 지닙니다. 성령은 그리스도인들과 사귐을 원하며, 사귐의 능력을 지니고 있기에, 그리스도인들과 인격적 사귐을 갖습니다. 성령은 그리스도인과 사귐 안으로 들어오며 그리스도인들을 자신의 사귐 안으로 받아들입니다. 그리하여 상호 간에 지성과 감성과 의지의 교류와 교통 및 교제를 누립니다.

성령은 '루아흐'로, 여호와의 숨, 바람, 폭풍 등을 의미합니다. **모든 생명의 원천이요 생명의 수여자(giver of life)입니다.** 성령은 살아 움직이는 모든 피조물 안에서 활동하는 분입니다. 몰트만에 따르면, 성령은 창조자의 활동 능력이요 피조물에게 삶의 힘입니다. 성령은 언제 어디서나 임재하며 만물을 유지하고 지탱하며 양육하고 살아 움직이게 합니다(시 33:6). 성령은 초월적인 분이면서 내재적인 분입니다. 자신의 초월성을 희생하지 않으면서 세계 안에서 자유롭게 활동하십니다. 성령은 재창조의 영입니다. 중생과 칭의와 성화의 영으로서 구원의 모든 과정을 이루어 가십니다. 동시에 **성령은 종말론적 새 창조의 영으로 활동하십니다.** 모든 피조물의 노예 상태에서의 해방과 치유와 회복(롬 8:19)을 가져오시는 분입니다. 성령의 새 창조 사역은 온 세계를 새롭게 하는 사역입니다(계 21:5). 모든 고난과 노동으로부터 진정한 안식과 축제와 기쁨의 세계를 만드는 것이 성령의 새 창조 사역입니다.

그런데 성령 안에서의 삶은 무엇을 의미할까요? 인간은 하나님의 생명에 참여하는 사귐의 존재입니다. **하나님의 풍성한 생명**(요 10:10)**인 영원한 생명을 지금 여기서 누리는 것**

입니다. 그런데 성령의 전으로서의 인간은 성령 안에 거함으로써 신적 존재로 변화하는 것이 아닙니다. 신비주의에서 볼 수 있는 신인 합일에 이르는 것도 아닙니다. 오히려 몰트만에 의하면 상호 내주(perichoresis)의 방식으로 신인 연합의 과정에 놓이는 것입니다. **성령 안에서, 영원한 하나님이 우리의 죽을 생명에 참여하며, 우리 역시 하나님의 영원한 생명에 참여합니다.** 이런 상호적 사귐이 무한한 힘의 근원입니다. 이런 하나님의 생명과의 교제로 인해 그리스도인은 생명 긍정과 자기 정체성의 확신 가운데 성장하게 됩니다.

몰트만에 의하면 **하나님 체험은 생명 체험을 심화시킵니다.** 하나님 체험은 생명을 향한 무조건적인 긍정을 불러일으킵니다. 하나님을 사랑할수록 우리는 더 강렬한 생명의 의지를 갖게 됩니다. 철저히 그리고 온전히 살아갈수록 우리는 생명의 무궁무진한 원천과 영원한 생명력인 살아계신 하나님을 더 많이 느끼고 체험하게 됩니다. 그래서 몰트만에 의하면 그리스도인의 영성(spirituality)이란 "하나님의 영 안에 있는 삶과 하나님의 영과의 살아있는 교제"를 뜻합니다. 인간에게 주어진 육체의 모든 감각이 새롭게 깨어나고 작동함으로써 하나님의 생명에 참여하는 것이 영성이며, 이는 우리의 감각을 '불태우는' 하나님의 영의 감성이라는 것입니다. 즉 **성령 안에서 우리의 모든 감각이 활성화됨으로써 생명의 능력을 온전히 누리는 것입니다.**

몰트만은 사랑받고 사랑하는 삶의 방식을 그리스도인의 실존으로 이해합니다. 누구보다도 하나님의 사랑을 다양하고 입체적으로 서술하는 몰트만은 그 하나님의 사랑에 잇댄 다양한 사랑의 모습을 아름답게 서술하고 있습니다. 그는 **가장 행복한 삶이란 사랑을 받고 사랑하는 삶**이라고 역설합니다. 우주 만물의 생명의 근원은 사랑입니다. 사랑이 없다면, 온 세상은 어둠과 죽음의 힘에 사로잡혀 한 줄기 빛조차 사라질 것입니다. 몰트만은 다음과 같이 천명합니다. "참된 영성은 충만하고 나누어지지 않는 생명 사랑의 회복이다. 생명에 대한 온전한 긍정과 모든 생명체에 대한 거리낌 없는 사랑은 성령 체험이다." 바로 이런 이유에서 고대로부터 하나님의 영이 '생명의 샘'(*fonta vitae*)이라고 일컬어졌다는 것입니다. 성부와 '죽은 자들의 부활'의 영이신 성자의 영은 만물의 새 창조와 모든 살아있는 것의 중생의 신적인 삶의 능력입니다. 그러므로 부활하신 그리스도와의 사귐 속에서 새 창조의 영을 경험하는 자는 자신의 몸이 살아나서 삶의 원천이 다시 흐르기 시작함을 체험하게 됩니다. 즉 하나님의 영원한 사랑이 몸을 변용시키고, 육체와 영혼을 충만케 하며, 마침내 육체는 사랑의 몸으로서 생동하게 되며, 사랑을 서로 주고받게 된다는 것입니다.

몰트만에 의하면 성령은 신적 인격이고 능력이며 삶의 공간, 즉 살아있는 모든 것이 그 안에서 자기를 전개할 수 있는 자유의 공간입니다. 드넓은 공간입니다. 그러므로 하나님 체험은 생명 체험을 심화합니다. 결과적으로 생명에 대한 전적인 긍정과 사랑이 뒤따릅니다. 그리하여 하나님을 사랑할수록 삶을 즐거워하며 삶을 온전히 살아갈수록 생명의 샘과 영원한 생명이신 살아계신 하나님을 체험하는 것입니다. 그러므로 몰트만은 새로운 삶이란 '죽음에 맞서는 생명'이라고 선언합니다. 생명의 삶은 죽음의 파괴적 세력에 맞서는 것입니다. **성령 안에 있는 삶은 죽음에 대항하는 삶입니다.**

몰트만은 인간이 자신과 이웃 및 공동체와 이 땅의 생명을 사랑하는 것이야말로 피조물에게 베푸시는 하나님의 사랑 안에 거하는 방식이라고 주장합니다. 생명 사랑이 곧 그리스도인의 삶이라는 것입니다. 우선 생명 사랑은 인간의 인격에 대한 존중으로부터 시작됩니다. 하나님의 사랑에 대한 신뢰는 자기 신뢰 및 자기 존중을 낳습니다. 더나아가 "하나님의 사랑은 이웃 사랑 안에서, 이웃 사랑과함께, 이웃 사랑에서만" 경험됩니다. 따라서 **하나님의 생명사랑 안에서 우리는 생명 긍정의 선물을 받아 누리게 됩니다.**

생명 사랑은 공동체에 참가하여 공동체의 삶 속에서 이루어집니다. 이는 연약한 이웃의 아픔에 대한 동정과 맞닿아있습니다. 몰트만에 의하면 개인 생명의 본질은 공동의 생명에 참여하는 데 있습니다. 즉 하나님의 사랑 안에서 자신과 이웃의 행복을 추구하고 실현하는 것입니다. 그런데이는 가난한 자들, 병든 자들, 버림받은 자들, 도움 없는 자들과 함께 아파하며 고난 당하는(mit-leiden) 것을 포함하는 것입니다. 그러므로 이웃 사랑은 행복 추구와 함께 연약한 이웃과 연대하는 것을 의미합니다. 이렇게 생명에 대한 긍정으로부터 출발하는 생명 사랑은 모든 피조물에 대한 존중과 더불어 만물의 치유와 회복을 기대하며 현실적으로 생명 보호와 환경 보존의 참여 속에서 실현됩니다.

따라서 샬롬은 하나님이 창조하신 모든 생명이 하나님과의 관계 안에서 치유와 회복이 이루어지는 것입니다. 샬롬은 하나님과의 평화, 인간 사이의 평화, 자연과 함께 하는 평화를 의미합니다. 우리는 지배와 예속이 아니라 공동체와 생명을 살리는 상호성으로 삼위일체 하나님에 상응해야 합니다. 만물 안에 거하시는 하나님의 영은 모든 피조물의 연합과 공동체를 위해 함께하십니다. 이렇듯 성령 안에서 생명은 소통(communication)이며 모든 생명은 상호 소통하는 생명 공동체입니다. 새 창조의 영의 활동과 능력은 영혼을 육체로부터 분리하지 않으며 피안의 세계로 도피하도록 하지 않습니다. 오히려 새 하늘과 새 땅의 미래를 향한 희망으로 우리를 인도합니다. 종말론적 생명 공동체로 우리를 이끌어 가십니다.

10
하나님의 형상

"하나님은 이 사귐 속에서 자기에게 상응하기 때문이다. 그것은 땅 위에서 하나님을 드러내며, 하나님은 그의 남자와 여자의 형상 속에서 땅 위에 '나타난다.' 하나님의 형상은 고독할 수 없으며 오히려 사람들의 사귐에 의존하며 본질적으로 도움을 필요로 한다(창 2:18). 그는 동료적인 존재이며 다른 사람들과의 사귐 속에서 자기의 인격성을 발전시킨다. 따라서 그는 다른 사람들이 그와 관계할 때 그리고 관계하는 한에서만 자기 자신과 관계할 수 있다."『창조 안에 계신 하나님』, 333.

"복음의 메시아 빛 속에서 사람의 형상은 종말론적 방향을 가진 역사적 과정으로 나타나지 하나의 상태로 나타나지 않는다. 사람의 존재는 이 과정 속에서 사람됨이다. 여기에서도 하나님의 형상은 전체 사람, 곧 신체적인 사람, 공동체적인 사람이다. 왜냐하면 죽음으로 인하여 영혼과 몸이 더 이상 나누어지지 않으며 하나님과 다른 인간들로부터 더 이상 분리되지 않는 전체적, 신체적, 그리고 공동체적 사람이 될 수 있는 길은 예수님과의 메시아적 사귐에 있기 때문이다. 이 사람은 이미 부활의 과정 속에 있으며, 이 과정 속에서 전체적으로, 신체적으로, 그리고 공동체적으로 용납되었고 약속된 존재로 자기를 경험한다. 사람의 메시아적인 사람됨은 끝나지 않았고 또 끝날 수 없다. 새 하늘과 새 땅에서 일어날 죽음의 종말론적인 파괴와 몸의 구원이 비로소 사람됨의 과정을 완성하며 이리하여 그의 신적인 규정을 성취한다." 『창조 안에 계신 하나님』, 339.

성경에 의하면 인간은 하나님의 형상에 따라 창조되었습

니다. 그런데 하나님의 형상은 육체로부터 분리될 수 있는 인간의 한 부분으로서의 영혼을 가리키는 게 아니라, 육체를 포함한 영혼을 지닌 전체로서의 인간을 가리킵니다. 몰트만은 하나님의 형상(*Imago Dei*)에 대하여 통전적인 입장을 가집니다. 하나님의 형상을 실체적으로 이해하거나 기능적으로 이해하는 전통적인 견해와는 달리, 몰트만은 인격적이며 관계적으로 이해합니다. 신학의 역사 속에서 하나님의 형상을 구조적으로 이해하는 경향은 영혼, 이성, 자유의지, 양심 등에 하나님의 형상이 깃들어 있다고 주장합니다. 그리고 기능적으로 이해하는 방식은 하나님을 사랑하고 경외하며 이웃을 사랑하는 존재로서의 인간을 가리킵니다. 인간은 하나님을 예배하고 감사드리며 그분의 뜻에 순종하는 기능을 지니고 있다는 것입니다. 그런데 바르트와 본회퍼의 사상을 따라 몰트만은 하나님의 형상을 관계적으로 이해합니다. 즉 **삼위일체 하나님의 사랑의 관계성에 기초한 인간은 남녀 관계성을 비롯하여 부모와 자녀의 공동체를 이루는 것에서 하나님의 형상을 닮았다는 것입니다.**

몰트만은 **하나님의 형상을 관계적으로 이해합니다.** 인간은 하나님과 인간, 자연 및 세계와 관계를 맺는 존재입니다. 사랑이신 하나님의 성품을 닮은 인간 역시 하나님 사랑, 자기 사랑, 이웃 사랑, 자연 사랑의 존재로서 살아갑니다. 하나님의 형상으로 지음을 받은 여성과 남성은 관계적 존재이며, 이는 인간의 사회성의 토대입니다. 이렇게 모든 인간은 공동체적 성격을 지닙니다. 인간은 남성과 여성의 성적 차이와 평등에 기초한 관계적 존재입니다. 태초에 남성과 여성은 우월과 열등, 지배와 종속, 차별과 억압 없이 자유롭고 평등하게 창조되었습니다. 예수 그리스도 안에서 회복된 하나님의 형상은 남성과 여성의 성차별주의(sexism)를 극복하고 성 정체성과 차이에 근거한 평등한 관계성과 공동체성을 추구합니다. 이는 종말론적 관점에서 볼 때 샬롬(shalom)의 상태라고 할 수 있습니다. 그런데 몰트만은 사회적 삼위일체 하나님의 형상을 남성과 여성만이 아니라 부모와 자녀의 가족공동체 안에서 발견합니다. 삼위일체 하나님은 성부, 성자, 성령의 사랑의 사귐(코이노니아) 가운데 있는 사회적 관계성을 지닌 분입니다. 코이노니아의 내적 특성은 페리코레시스인데, 이는 영원한 사랑의 사귐의 공동체인 삼위일체 하나님께서 인간 공동체의 터전이며 푯대라는 것을 의미합니다. 그러므로 하나님의 형상은 삼위일체 하나님의 관계성에 근거하며 이에 상응하는 사회적이고 공동체적인 차원을 지닙니다. 인간 공동체는 남성과 여성의 공동체요, 부모와 자녀의 공동체요, 세대 간의 사귐 속에 있는 공동체입니다. **인간 공동체는 남녀와 세대의 사회적 사귐에 상응하는 공동체성을 지닙니다.**

몰트만에게서 **하나님의 형상은 영혼과 육체를 포함하는 전인적(全人的)인 존재입니다.** 구약성경은 '살아있는 몸'(living soul, 네페쉬 창 2:7)을 말합니다. 즉 전인으로서의 인간입니다. 영혼과 정신을 우위에 두고, 육체를 무시하거나 경멸하는 그리스 사상 및 영혼과 육체의 분리를 강조하는 근대 이원론(dualism)과 달리, 몰트만은 성경 속에 나타난 인간이 영육 통일체 혹은 심신 전일체(psychosomatic unity)이며, 이는 현대 철학이나 자연과학 등에서 긍정되는 사고라고 주장합니다.

하나님의 형상에 육체가 포함된다는 것은 매우 중요한 의미를 지니는바, 구원의 신체성과 물질성과 관련되는 것입니다. 즉 구원은 단지 영혼 구원일 뿐이기에, 신체나 물질을 배제하는 것이 옳다는 주장은 잘못된 것이라는 겁니다. 실제로 **영혼과 육체는 서로 영향을 주고받으며 상호적 돌**

봄과 사귐의 관계를 갖습니다. 영혼과 육체는 구별되나 분리될 수 없는(distinguished, but inseparable) 통일성을 지향합니다. 영혼과 육체는 주종관계가 아니며 서로에게 우위에 있지 않습니다. **영혼과 육체가 균형**(balance)**과 조화**(harmony)**를 누리는 것이 건강하고 행복한 삶입니다.**

몰트만은 **하나님의 형상의 역동적 차원을 강조합니다.** 하나님의 형상이란 고정된 어떤 것이 아니라 역동적으로 진행 중인 하나의 운동입니다. 명사형이 아니라 동사형이라 할 수 있습니다. 하나님의 형상은 끊임없이 이루어가는 과정에 놓여 있습니다. 첫째, 본래의(original) 하나님 형상. 둘째, 손상된(perverted) 하나님 형상. 셋째, 회복된(recovered, renewed) 하나님 형상. 넷째, 완성될(perfected) 하나님 형상. 이렇게 하나님의 형상은 네 가지 차원을 지니고 있습니다. 죄로 인해 손상된 하나님 형상은 그리스도의 구속 사역으로 말미암아 그리고 성령의 은혜를 힘입어 회복되는 과정에 놓여 있을 뿐이지 아직 완전하게 하나님의 형상을 이룬 것이 아닙니다. 따라서 하나님의 형상 회복은 이미 시작되었지만, 아직 온전히 완성되지 않은 채로 종말론적 미래를 향하여 나아가는 도상(途上)에 있습니다.

특히 몰트만은 **하나님의 형상이 '얼굴'(prosopon)과 연관된다**고 주장합니다. 하나님의 영광은 그리스도의 얼굴에서 인식되며, 하나님 자녀들의 얼굴에서 인식됩니다. 그리하여 최종적으로 "얼굴과 얼굴을 맞대는"(고전 13:13) 만남에서 하나님의 형상은 완성될 것입니다. 성령 충만한 그리스도인은 '지금 여기서' 하나님의 영광을 선취적으로(anticipatory) 반사합니다. 하나님의 영광을 닮아감으로써 온전한 하나님의 형상으로 변화하고 변용되는 것이며, 이는 성령 안에서 그리스도와의 연합과 교제를 통한 지속적인 과정입니다. 그러므로 인간은 하나님의 형상을 향한(for) 존재라고 할 수 있습니다.

몰트만에게서 특히 강조되는 하나님의 형상 이해는 인간이 하나님을 대표하며 대리자의 역할을 하는 기능을 지니고 있다는 점입니다. **인간은 세계의 정원사요 관리인이요 청지기로서 우주 만물의 통치에 동역하는 존재입니다.** 인간은 이 세상에서 하나님의 영광을 반영(reflect)하는 지위와 사명을 지니고 있습니다. 동시에 하나님의 통치의 대리인(agent)이며 대사(ambassador)의 역할을 감당합니다. 여기서 인간은 동료로서의 자연에 대한 지배자나 통치자가 아니며, 오히려 자연을 정성껏 돌보며 책임을 다해 섬기는 관리자입니다. 이렇게 자연과 서로 공존하며 상호적 돌봄과 섬김의 공생관계를 누림으로써 하나님 형상의 기능을 온전히 수행할 수 있습니다. 이런 하나님 형상 이해를 통해 몰트만은 근대 인간 중심주의적인 이해를 벗어나 생태학적인 인간 이해로 나아갑니다. 동료요 이웃인 자연과 상호 협력함으로써 하나님의 피조 세계를 아름답게 지키고 가꾸어 가야 할 책임을 지닌 존재가 바로 하나님의 형상을 지닌 인간입니다.

하나님의 형상은 종말론적 공동체의 성격을 지닙니다. 종말론적 하나님의 백성은 성부, 성자, 성령, 삼위일체 하나님의 사랑의 공동체를 유비적으로 닮은 공동체입니다. 이는 개인적 차원이 아니라, 새 하늘과 새 땅에서 이루어질 각 나라와 민족이 함께 모여 어우러지는 종말론적 공동체의 차원을 지닙니다(계 21-22장). 여기서는 인종, 성, 지역, 세대의 차별과 억압, 지배와 종속이 더는 존재하지 않는 샬롬의 공동체가 될 것입니다. 사랑의 소통과 환대와 용납과 존중의 공동체로 우뚝 서게 될 것입니다.

그런데 삼위일체 하나님의 형상은 지상의 역사적 교회

에서 부분적이고 잠정적으로 그 모습을 드러냅니다. 교회는 최종적으로 종말론적인 공동체가 아니며, 때로 깨어지고 부서진 채로(in a broken fashion), 역사적 한계(historical limitation)를 지니면서 하나님의 형상을 이루어가는 것입니다. 단편적으로, 불완전한 모습으로나마, 종말에 이르러 최대치의 모습으로 구현될 하나님의 온전한 형상을 기대하며 교회는 끊임없이 그 여정을 걸어가야 합니다. 종말론적 공동체에서 비로소 최종적인 하나님의 형상의 온전한 모습이 구현될 것입니다.

11
떠남과 돌이킴

"죄는 하나님이 없는 상태이며, 하나님이 없는 상태는 하나님에게 버림을 받는 결과를 낳는다. 이것을 형벌로 생각하느냐, 아니냐는 아무런 차이가 없다. 죄는 도덕적으로 '허물'과 동일시할 수 없다. 죄는 하나님과 분리되는 것이고, 하나님이 모든 인간에게 제공하신 생명과 분리되는 것이다. 죄는 허물보다 더 깊다. 허물은 이웃과의 관계 단절이다. 죄는 하나님과의 관계 단절이다. 그러므로 죄는 인간 실존의 근거를 망가뜨린다. 키르케고르는 죄를 '죽음에 이르는 병'이라고 정의했다. 죄인은 하나님이 없이 존재하거나, 하나님 바깥에 존재한다. 이것은 성경의 어법에서 '어

둠의 나라'다. 죄는 단지 죽음 만이 아니라 '멸망'을 초래
한다." 『나는 영생을 믿는다』, 48.

　"죄는 하나님이 창조하신 것을 왜곡시킬 수 있으나 결
코 폐기할 수 없다. 죄는 사람의 '하나님 관계의 왜곡'이지
그것의 상실이 아니다. 하나님과의 관계가 우상숭배로 되
며, 하나님에 대한 신앙이 미신이 되며, 하나님에 대한 사
랑이 자기 사랑과 불만과 증오로 된다." 『창조 안에 계신 하
나님』, 348.

　몰트만은 죄에 대하여 전통적인 이해를 따르면서도 신
선한 통찰들을 우리에게 제공합니다.

　"모든 사람이 죄를 범하였으매 하나님의 영광에 이르지
못하더니"(롬 3:21)라는 바울의 표현에서 나타난 죄의 보
편성을 긍정하면서도 이러한 원죄(original sin)의 연대성에
대한 강조가 우리의 구체적이고 실제적인 죄(actual sin)를
간과하거나, 죄를 범한 사람의 인격적인 책임을 부정해서

는 안 된다고 주장합니다. 죄의 일반적인 속성들인 합리화
(rationalization), 자기변명, 책임 전가의 도구로 사용되어서
는 안 된다는 것입니다.

몰트만은 무엇보다도 **죄를 하나님과의 관계성으로 이해
합니다. 죄의 본질은 '하나님을 거역하는 것'**(against God), 즉
하나님을 향한 적대적인 관계성입니다. 동시에 **죄는 하나님
의 사랑을 거부**(rejection)**하는 것이며, 하나님의 주권에 맞서
는 것이고, 하나님 나라를 훼방하는 것입니다.** 하나님의 주
권을 부인하는 교만, 하나님의 사랑을 무시하는 이기심과
탐욕, 그리고 하나님 나라의 건설에 대한 무책임과 태만은
죄의 근본적인 현상을 분명하게 드러냅니다. 하나님의 주
권에 대한 부정은 하나님의 사랑에 대한 거절과 배신, 하
나님의 뜻과 계획에 대한 반역과 불순종으로 나타납니다.
이렇게 **죄의 현상은 불신앙, 이기심, 교만, 태만, 거짓, 증오, 불
순종 등으로 나타납니다. 죄의 결과는 하나님과 자기 자신과
이웃에 대한 관계가 왜곡**(distortion)**되고 손상**(perversion)**되며
전도**(reversal)**되는 것입니다.**

몰트만은 **죄를 인격적인 개념으로 설명합니다.** 우리의 죄
는 하나님의 형상을 파괴할 수 없습니다. **죄는 하나님에 대**

한 인간의 관계를 전도시킬 수 있으나, 인간에 대한 하나님의 관계를 파괴할 수 없습니다. 비록 인간의 하나님을 향한 관계는 왜곡될지라도, 인간을 향한 하나님의 관계는 변함이 없기 때문입니다. 하나님은 먼저 인간을 배신하지 않습니다. 포기하지도 않습니다. 우리의 범죄에도 불구하고 하나님은 우리를 버리지 않습니다. 끊을 수 없는 하나님의 사랑이 든든한 줄이 되어 우리를 사로잡고 있기 때문입니다.

그런데 몰트만은 죄인과 죄를 구별합니다. 즉 죄인(sinner, being)과 죄의 행동(sin, doing)을 구별함으로써, 하나님은 죄를 벌하고 심판하지만, 죄인을 배척하고 포기하지 않는다고 주장합니다. 인간은 전적으로 죄인이지만, 여전히 하나님과의 관계에서 전적으로 하나님의 형상입니다. 하나님은 자신의 형상에게 끝까지 신실하십니다. 죄는 하나님이 창조하신 것을 전도시킬 수 있으나, 결단코 폐기할 수 없습니다. **죄는 인간의 하나님 관계의 전도이지 상실이 아닙니다.** 하나님의 지속적인 현존 때문에 하나님의 형상으로서의 인간의 존엄성은 상실되거나 침해될 수 없으며 파괴될 수 없습니다. 하나님은 자신에 대한 그의 형상의 반항에도 불구하고 그와의 관계를 유지하십니다.

몰트만은 **죄를 자기 폐쇄성으로 규정합니다.** 하나님은 인간을 개방적인 존재로 지으셨기 때문에, 하나님과 자신, 그리고 이웃에 대한 폐쇄성이 곧 죄입니다. 자기 자신에게로 심하게 구부러진 사람들은 타인과 세계를 향해 마음의 문을 닫고 저항합니다. 이러한 자기중심성과 자기 폐쇄성은 결국에는 병적인 자기 사랑을 낳게 되며 이웃 사랑의 가능성을 막아버립니다. 죄로 인해 인간은 하나님이 아니라 우상을 숭배하고 하나님에 대한 신앙이 불신앙으로 바뀌며 하나님 사랑이 아니라 병적인 자기 사랑과 두려움과 증오를 지니게 됩니다.

그러나 하나님을 향한 개방성, 이웃을 향한 개방성, 인간 상호 개방성은 구원 얻은 자의 모습이며, 이는 성령 안에서 온전하게 누리게 될 개방성입니다.

그렇다면 회개는 무엇일까요? **회개는 우리의 인격적인 존재의 핵심에서의 총체적이고 근본적인 변화를 포함합니다.** 죄는 하나님에게 맞서는 것, 즉 반항과 거역 및 불순종으로서 인격적인 행위이기 때문에 회개 역시 인격적인 변화가 뒤따릅니다. 지성적 요소와 정서적 요소 및 의지적 요소가 포함된 전 인격적인 반응입니다. **회개는 죄의 행동에 대**

한 자각과 참회 및 자백과 함께 근본적인 돌이킴이 필수적입니다. 마음의 변화(롬 3:20)와 감성적인 변화(고후 7:10) 및 죄로부터 방향을 돌이키는 것이며, 삶의 목적과 가치관이 바뀌어 선함과 의로움과 거룩한 생활을 추구하는 변화(시 51:5, 7, 10; 렘 25:5)를 수반합니다.

그런데 회개는 두 가지 유형으로 구분됩니다. 구원에 이르는 일회적 회심과 성화를 이루어가는 반복적 회개가 그것입니다. **회개는 하나님의 사역이면서 동시에 인간의 사역입니다.**

특히 평생 이루어지는 반복적인 회개는 지속적인 인간의 능동적인 반응이 요청됩니다. 회개는 단지 개인이 잘못을 깨닫고 뉘우치는 것만이 아니라, 개인과 그가 속한 신앙공동체가 하나님과의 반역의 관계에서 벗어나 완전히 돌이켜 하나님과 이웃 및 세계와 새로운 관계를 설정하는 것을 의미합니다. 이를 통해 결과적으로 하나님 나라의 새로운 역사를 창조하는 것을 뜻합니다. 즉 회개는 새로운 역사 창조의 동력입니다.

회개는 지성, 감성, 의지를 포함하는 전인적인 변화, 인간관계의 변화, 사회적·경제적·정치적·문화적 변혁을 포함합니다.

그러므로 우리는 죄를 단지 영적 차원으로만 이해해선 안 됩니다. **하나님 나라 관점에서 죄는 인격적이면서도 공동체적입니다.** 개인적 차원만이 아니라 사회 구조적 차원을 포함하는 것입니다.

그러므로 하나님 나라 가치의 맥락에서 본질적인 회개가 필요합니다. 하나님 나라 건설에 참여하고 협력하는 일에 책임을 회피하며 나태한 모습에 대한 진정한 회개가 요청되는 것입니다. 이렇게 하나님 나라와 회개는 불가분리의 관계입니다. 회개는 그리스도인의 삶에서 필수적인 요소입니다.

회개는 하나님을 대항해서 반대로 걸어가던 길을 돌이키는 생의 방향 전환이므로, 개인과 공동체의 삶의 근본적인 패러다임의 전환이 이루어지는 것입니다. 그런데 이것은 어느 한순간에 완성되지 않습니다. 회개는 단회적인 것이 아닙니다. 구원에 이르는 일회적인 회심과 함께 하나님 나라를 이루어가며 하나님의 형상을 온전하게 회복해가는 반복적인 회개가 일평생 계속되어야 합니다. 결과적으로 **회개는 일종의 삶의 근본적인 패러다임의 전환(paradigm shift)입니다.**

이는 개인의 삶뿐만 아니라 현실 역사 변혁의 동력이 됩

니다. 회개는 궁극적으로 모든 관계성의 치유와 회복 및 재
정립을 목표로 하는 것입니다. 그러므로 회개는 그리스도
인의 삶을 실현하는 지속적인 모티브요 에너지가 됩니다.

12
거듭남

"'갱신'으로서의 '다시 태어남'은 성령을 통하여 일어난다. 성령은 그리스도를 통하여 아버지의 자비하심으로 말미암아 온다. 성령은 '부어진다'. 이 은유는, 신적인 '삶의 원천'이 인간 안에서 '흐르기' 시작한다는 것을 말한다(요 4:14). 아버지로부터 아들을 통하여 우리에게 오는 성령의 이 경험을 통하여 우리는 '은혜로 말미암아 의롭게' 되며, 희망 가운데서 '영원한 삶의 상속자'가 된다. 베드로전서 1:3도 이러한 논리를 따르지만, 우리가 '죽은 자들로부터 예수 그리스도의 부활을 통하여' '살아있는 희망'으로 다시 태어난다는 것을 강조한다." 『생명의 영』, 228.

"베드로전서 1:3에 의하면, 다시 태어남은 그리스도의 부활로부터 오며 인간의 희망으로 하여금 영원한 삶을 지향케 한다. … 성령의 경험은 그리스도를, 실로 부활하신 그분을 현재화시키며, 그분과 함께 종말론적 미래를 현재화시킨다. 바로 이 점에서 성령의 경험은 영원한 현재의 경험이다. 하나님으로부터 태어남은 신적이다. '다시 태어남'은 사멸하며 허무한 삶으로부터 사멸하지 않으며 영원한 생명에 이르는 것을 뜻한다." 『생명의 영』, 229.

몰트만은 성령론적 구원론을 전개합니다. 현대 신학자 중 그 누구보다도 통전적인 성령론을 주창한 몰트만은 **구원의 전 과정에서 성령의 중심성을 강조합니다.** 먼저 성령에 의한 그리스도와의 연합(union with Christ)을 전제하고 있습니다. 그리하여 중생(regeneration)이란 인간의 행위나 노력이 아닌, 전적으로 성령의 사역으로 말미암은(through), 성령에 의한(by) 거듭남, 다시 태어남(rebirth)이라고 규정합니다. 중생은 성령의 주권적이고 단독적인 사역이며, 무의식적이고 즉각적인 변화를 낳는 것입니다. 부모로부터의 자연적 출생이 아니며, 오직 위로부터 새롭게 태어나는 것입니다.

예수 그리스도의 부활과 함께 오순절 성령강림 사건을 그리스도교의 존립을 결정하는 획기적인 사건으로 이해하는 몰트만은 **성령에 의한 구원의 주관적 적용과 실현은 오순절 경험으로부터 나온다고 주장합니다.** 그러므로 **부활절 없는 성령 강림절은 존재하지 않으며, 성령 강림절 없는 부활절도 가능하지 않습니다.** 그리하여 그리스도의 의의 전가(imputation)를 의미하는 칭의에서 지나치게 기독론 중심적으로 해석되었던 전통적인 칭의론이 간과한 부분이 바로 성령에 의한 경험의 차원이라고 지적합니다. 이는 하나님 나라의 상속자로서 하나님의 자녀됨을 의미하는 칭의가 실제로는 우리가 예수님처럼 하나님을 아빠라고 부르게 하는(롬 8:8, 15; 갈 4:5) 성령의 경험에 근거하기 때문입니다.

몰트만은 장 칼뱅(J. Calvin)의 견해와 같이 **중생이 칭의보다 앞선다고 주장합니다.** 심지어 칭의를 중생이라고 규정하면서, 중생이야말로 칭의를 보완하는 것이라고 주장합니다. 그에 의하면 칭의와 중생의 관계는 다음과 같이 설명할 수 있습니다. 칭의는 그리스도인과 하나님과의 관계를 새롭게 하는 것이며, **중생은 신자의 인격을 변화시키고 새로운 삶의 씨앗을 주는 것입니다. 그리하여 삶에 대한 태도와 삶의 현실을 갱신시킵니다.** 칭의가 하나님께서 인간에게 행하시는 것을 의미한다면, 중생은 그 결과로서 인간 인격 안에서 일어나는 그 무엇을 가리킨다는 것입니다. 그래서 "먼저 의롭게 하는 신앙이 아니라, 은혜로 말미암은 칭의가 성령의 오순절적 경험으로부터"옵니다(딛 3:5-7). 의롭게 되는 믿음 자체는 인간 내부에서부터 오지 않으며, 하나님의 사랑이 성령을 통하여 우리의 마음속에 부어졌기 때문이라는 것입니다(롬 5:5). 그러므로 몰트만은 "성령 없는 칭의는 없다"라고 선언합니다.

몰트만에 의하면 **중생의 역사적 근거는 죽은 자들로부터 그리스도의 부활입니다.** 화해와 죄 용서를 위해서 그리스도의 십자가의 죽음이 지닌 구원의 의미가 강조된다면, 살아 있는 희망으로 다시 태어남을 위해서는 그리스도의 부활이 지닌 구원의 의미가 부각되어야 합니다. 몰트만에 따르면, **중생의 신학은 부활절 신학입니다. 중생은 영원한 생명으로 다시 태어남이요 죽은 자들의 부활과 함께 완성되기 때문입니다**(벧전 1:3). 신자들은 부활의 영에 의해 사로잡히며 부활의 영을 통하여 영원한 생명을 향한 희망으로 다시 태어납니다. 따라서 **중생은 성령의 경험에 근거하며, 칭의와 영생의 상속권을 얻는 것보다 앞섭니다.** 이렇게 몰트만에게서 중생은 성령론적으로 전개되고 종말론적 방향성을 지닙니다.

중생은 어떤 의미를 지닌 것일까요? 오순절 성령강림 사건에 근거한 성령의 경험으로부터 옵니다. **성령의 내주하심으로 인해 성령의 인치심을 받아 하나님의 사랑이 부어짐으로써**(롬 5:5) **새롭게 태어나는 삶**(요 3:3-5)**을 의미합니다.** 그리스도인은 성령 안에서, 성령을 통하여 삼위일체 하나님과 연합되며 영원한 사랑의 사귐을 시작하게 됩니다. 부활의 영에 사로잡혀 영원한 생명의 씨앗이 심긴 채 영원한 생명의 상속자로서 하나님 자녀의 특권과 기업(inheritance)을 누리게 됩니다.

중생은 지성과 감성과 의지를 포함하는 인격적인 변화입니다. 중생은 새로운 심령을 선물로 받는 것이며 전 인격에 영향을 미치는 것입니다. 죄와 죄의 세력으로부터의 급격한 구출(deliverance)과 동시에 하나님께로 전향하는 삶의 근본적인 패러다임의 전환입니다. 성령은 복음 선포를 통하여 우리에게 죄를 깨닫게 하고, 우리를 구원으로 부르며,

우리의 마음을 조명하여 하나님의 진리를 보게 하고, 우리의 의지를 강화해서 죄를 회개하고 하나님께로 돌아오도록 합니다. 회심은 죄와 죄의 세력으로부터 하나님께로 돌이키는 것입니다. 즉 회심이란 거듭난 사람이 의식적인 행동을 통하여 회개와 믿음 안에서 하나님께로 돌아가는 것이라 정의할 수 있습니다. 이는 죄로부터의 돌아섬이며 하나님을 향한 섬김으로의 돌아섬입니다. 여기서 **회심과 믿음은 신학적 동전의 양면이라고 할 수 있습니다.** 죄에서 돌이킴의 입장에서는 회심이 앞서는 것처럼 보이겠지만, 실제로는 사죄하고 용서하는 자비로우신 하나님에 대한 믿음이 이미 전제된 것임을 부인할 수 없습니다. 또는 믿음이 회심보다 앞서는 것처럼 보이겠지만, 사실은 죄에서 돌이키는 행동이 앞선 것입니다. 바라보는 관점의 차이일 뿐이므로 회심과 믿음은 하나의 사건의 두 측면이라고 할 수 있습니다.

무엇보다도 주목할 점은 회심과 믿음에서 성령의 역사와 인간의 행동이 하나로 결합한다는 것입니다. 회심과 믿음에서 하나님의 사역과 인간의 사역은 언제나 함께 갑니다. **하나님의 주권적이고 선행적이며 무조건적인 은혜가 인간에게 먼저 선물로서 주어집니다.** 그러나 동시에 인간의 돌

이키는 행동이 뒤따라야 합니다. 그러므로 회심은 하나님의 일인 동시에 사람의 일이기도 합니다. 믿음 역시 성령께서 우리의 믿음을 불러일으키시고, 우리는 믿음의 행동을 하는 것입니다. 이렇게 구원의 사건은 하나님의 은혜와 인간의 책임성이 함께 포함되는 것입니다.

중생으로 인한 삶의 변화는 무엇일까요? **성령 안에서의 삶은 성령의 내주와 충만을 경험하는 것입니다.** 하나님의 사랑으로 거듭난 그리스도인들은 삶을 긍정하고 기쁨과 평안과 행복을 누리게 됩니다. 예수님을 삶의 주님으로 모시고 믿음과 소망과 사랑의 삶을 영위하게 됩니다. 영혼과 육체가 새로워지고 온전한 치유와 회복의 삶을 누리게 됩니다. 진정한 삶의 구원과 행복과 평화의 체험을 누리게 됩니다. 동시에 예수 그리스도를 뒤따르는 제자도(discipleship)의 삶의 여정을 시작하게 됩니다.

몰트만은 중생에서 그리스도인이 성령의 '초월적 깊이'와 부활의 영의 '종말론적 넓이'를 경험함으로써 지속해서 삶의 의미를 발견하고 희망을 지니게 된다고 주장합니다. 그러므로 중생은 단지 과거의 일회적인 사건이 아니라는 것입니다. 칼뱅의 주장처럼 **중생의 체험이란 날마다 새**

롭게 계속되어 영원한 삶 안에서 완성되는 것입니다. 이렇게 몰트만은 중생이 성화의 과정에까지 미치는 폭넓은 중생 이해를 보여줍니다. 즉 한 번 거듭난 사람은 지속적인 성화의 과정에 참여할 수 있다는 것입니다. 물론 이것은 인간의 신앙의 확실성이 아니라 하나님의 신실한 사랑과 자비에 근거한 것입니다. 믿음, 소망, 사랑은 항상 있을 것이며(고전 13:13), 이는 성령 안에서, 성령을 통한 우리의 믿음 안에서 누리게 되는 확실성입니다.

13

의롭게 됨

"칭의는 영화의 시작이요 영화는 칭의의 미래적 완성이다. 양자는 '하나님의 은혜'의 '선택'에 근거하여, 사람에 대하여 하나님이 충실하게 지킨 관계에 근거하여 일어난다. 죄인이 경험한 칭의와 의롭게 된 자가 희망하는 영화 사이에 '성화'의 길이 있다. 성화에 있어서는 '하나님의 형상대로 창조된 새 사람으로 갈아입는 것'이 중심적 문제이다(엡 4:24; 참조. 골 3:10)." 『창조 안에 계신 하나님』, 338.

"하나님의 형상은 은사인 동시에 과제이며, 서술인 동시에 명령이다. 그것은 과제인 동시에 희망이요, 명령인 동시에 약속이다. '성화'는 '칭의'를 전제하며 영화는 그것의 희망이요 미래이다." 『창조 안에 계신 하나님』, 338-339.

　몰트만에게서 **그리스도인의 칭의는 십자가에 못 박히고 부활하신 그리스도의 의가 전가(imputation)되는 것이며, 동시에 의롭게 되는 믿음을 통해 영원한 생명을 상속하게 되는 시작을 알리는 것입니다.** 몰트만에 의하면 우리의 칭의는 그리스도의 사실적인 부활에 근거합니다. 전통적으로 칭의의 근거를 십자가에 초점을 맞추었는데, 하나님의 의는 부활 사건에도 작용한다는 것입니다. 그리스도는 "우리의 의를 위하여 부활하셨다"(롬 4:25)라는 표현처럼 미래를 지향하는 칭의의 행위는 삶의 새 창조, 살아있는 희망으로 다시 태어남을 의미하기 때문입니다. **몰트만은 칭의를 단지 법정적·선언적 사건으로만 이해하지 않고 관계적·인격적 의미를 지닌 것으로 해석합니다.** 칭의는 단지 과거를 지향하는 죄 용서(속죄)의 차원만이 아니라, 새 생명의 차원을 포함합니다. 부활하신 그리스도는 칭의의 약속 가운데서 우리 삶 속에 현재하며 우리가 미래를 향하게 합니다. 그래서 몰트만은 기독론적으로만 칭의를 해석하지 않고 성령론적 접근을 통해 중생이 칭의를 보완해야 한다고 역설합니다. 즉 **칭의는 오순절 성령 경험에 근거하는 것이며**(딛 3:5-7), **하나님의 자녀 신분과 영원한 생명의 상속자가 되는 것입니다.**

성령은 친히 우리가 하나님의 자녀임을 증언하며(롬 8:16), 성령에 의해 새롭게 태어난 자들은 맏아들이신 그리스도의 형제자매가 되는 특권을 얻게 되고(롬 8:29), "하나님의 영으로 인도함을 받는 사람은 누구나 하나님의 자녀"(롬 8:14)이기 때문입니다. 그리고 의롭게 된 자들은 영원한 생명의 상속자가 되어 마침내 하나님 나라를 유업으로 받게 됩니다. 그곳은 새 하늘과 새 땅에서 이루어지는 하나님의 의가 바로 세워지는 영광의 나라입니다. 이런 의미에서 몰트만에게서 칭의는 적극적이고 능동적인 의미를 지니게 됩니다. 하나님에 의해 용납되고 긍정되며 사랑받는 자녀로서의 삶을 시작하게 되는 출발점이 바로 칭의의 사건이기 때문입니다.

여기서 몰트만은 "'우리를 위한' 그리스도의 인격적 측면이 일차적이며, '우리의 죄를 위한' 객관적 측면은 이차적"이라고 주장합니다. 즉 예수 그리스도의 고난과 죽음 속에서 우리를 위한 하나님의 사랑이 결정적으로 계시된 것입니다. 그리하여 그리스도의 죽음은 우리가 하나님과 화해를 통하여 사랑의 사귐을 가능하게 하는 인격적 · 관계적 의미를 지닙니다. 사랑의 관계성 회복이 그리스도의 죽음의 효력입니다. 그리고 이차적인 의미에서 '속죄 제물'로서의 예수님이 우리의 죄악들을 위해 죽으시고, 죗값을 치르셨다는 것입니다. 그리하여 그리스도의 의가 우리에게 전가되는 것입니다. 이렇게 법정적 의미와 인격적 의미가 결합할 때 우리는 칭의의 통전적 성격을 바르게 이해할 수 있습니다. 이는 세례가 상징하는 바와 같습니다. 즉 죄에 대하여 죽고 의에 대하여 다시 사는 새로운 삶으로 받아들여지는 것이기 때문입니다(롬 6장).

몰트만에게서는 **칭의를 포함한 모든 구원의 과정이 종말론적 방향성을 지닙니다.** 이는 죽은 자들로부터의 예수 그리스도의 부활 사건에 근거합니다. 부활은 죽음의 폐기와 만물의 새 창조를 보증하는 구원의 사건으로서 실제로 성령의 활동 속에서 현재화됩니다. 몰트만은 이를 '종말론적 선취'라고 부릅니다. 그에 의하면 성령은 그리스도의 부활을 현재화시키며 종말론적 미래를 현재화시킵니다. 그리하여 그리스도인에게 영원한 생명을 열어줍니다. 그러므로 칭의의 경험 속에서도 우리는 영생을 맛볼 수 있습니다. 잠정적이고 부분적으로나마 새 창조에서 이루어질 하나님의 의를 미리 앞당겨 경험할 수 있는 것입니다.

몰트만에 의하면 **칭의는 과거적 의미와 미래적 의미를 동시에 지니고 있습니다.** 죄 용서를 나타내는 과거의 사건이면서 동시에 중생, 새 생명의 창조, 살아있는 희망으로 거듭남이라는 미래의 행위를 지향하기 때문입니다. 이렇게 몰트만은 칭의의 시제를 과거와 현재 및 미래를 포함하여 설명합니다. 실제로 **칭의는 과거 완료형이 아니며, 그리스도의 부활로 말미암아 미래를 지향합니다.** 칭의는 영원한 생명을 개시하는 중생 속에서 시작되고 종말에 완성되기 때문입니다.

몰트만은 로마서에서 강조하는 모든 죄인의 보편적 칭의와 더불어 공관복음서에서 나타나는 죄인과 세리 등 소외된 사회적 약자들의 칭의에 대해서 주목합니다. 그들을 영접하고 수용하며 긍정하는 예수님의 지상적 삶에서, 소위 가난한 자들과 연대 속에서의 칭의 사건을 제시함으로써, 칭의의 근거를 십자가에서 찾는 전통적인 입장을 넘어

섭니다. 특히 악의 희생자들을 향한 예수님의 고난은 하나님의 열정적인 사랑을 계시하는 것입니다. 결국에는 이를 통해 희생자들을 위해서 법과 정의를 다시 세우고 행악자들을 심판함으로써 하나님의 의로우심을 입증하십니다. 그뿐 아니라 죄의 종이 되어 악을 행하는 자들에게도 하나님의 의가 행해집니다. 불의한 자들에게 자신을 의로운 자로 입증하고 법을 다시 세우는 하나님은 불의한 자들, 행악자들을 죄의 세력에서 해방해서 새로운 삶을 시작하도록 하십니다. 그런데 몰트만의 칭의 이해의 핵심에는 그리스도의 부활 이해가 자리 잡고 있습니다. 죽은 자들로부터의 예수님의 부활은 죄와 고난과 죽음을 폐기함으로써 희생자들뿐 아니라 행악자들 모두에게 영원한 생명의 세계를 열어줍니다.

이런 맥락에서 몰트만은 단지 인간의 칭의만이 아니라 하나님의 칭의에 대해서도 서술합니다. 그는 종교개혁자들이 모든 죄인의 칭의를 주장함으로써 간과한 가해자와 피해자, 불의한 자와 불의의 희생자들을 포괄하는 차원의 칭의를 주장합니다. 우선 죄인들을 의롭다 하시는 하나님께서 또한 폭력과 불의의 희생자들에게 정의와 법을 세우심으로써 그들에게 자신을 의로운 자로 입증하신다는 것입니다. 이를 통해 하나님은 의롭다고 인정받으십니다. 그뿐 아니라 하나님은 불의한 자들을 과거에 얽매인 죄의 세력으로부터 해방하고 그들이 새로운 삶을 시작하도록 함으로써, 즉 '회복적 정의'(restorative justice)를 베풂으로써 자신을 의로운 자로 입증하십니다. 이렇게 하나님은 불의한 자에게도, 희생자들에게도 의로운 분으로 인정받게 됩니다. 몰트만에 따르면 하나님이 인간을 의롭다 하시는 것은 하나님의 적극적 칭의이며, 우리가 하나님을 의롭게 여기는 것은 수동적 칭의라고 할 수 있습니다.

여기서 중요한 것은 바로 칭의의 신앙입니다. 즉 **하나님에 의해 의롭게 되는 신앙은 동시에 이러한 하나님의 의를 경험하고 하나님을 의로운 분으로 인정함으로써 이 세상의 불의와 악에 대해 저항하고 항거하게 된다는 것입니다.** 그리하여 의를 위하여 봉사하는 삶으로 나아가게 됩니다. 그리스도인은 하나님의 자녀로서 정의로운 하나님 나라 건설에 참여할 수 있습니다. 하나님께서 우리를 의롭게 하신 것은 우리가 이 세상에서 하나님을 의롭게 하기 위함이라고 몰트만은 역설합니다. 이는 영원한 생명의 상속권을 받게 된 하나님의 자녀의 과제이자 그리스도인을 의롭게 하시는 하나님의 뜻이기 때문입니다. 하나님과 인간의 칭의의 과정을 몰트만은 다음과 같이 포괄적으로 서술합니다. 첫째, 죄책으로부터의 용서. 둘째, 죄의 세력으로부터의 해방. 셋째, 하나님 없는 자들의 화해. 넷째, 의를 위하여 봉사하는 새로운 삶. 다섯째, 새 창조의 상속권. 여섯째, 하나님의 새롭고 의로운 세계를 위하여 열정적으로 개입함으로써 하나님의 세계에 참여하는 것.

이러한 몰트만의 칭의 사상은 전통적인 법정적·선언적 의미의 칭의를 확대하고 심화시킨 것입니다. 즉 성경에 기초하여 칭의의 인격적·관계적 의미를 서술할 뿐 아니라, 더 나아가 삶의 칭의, 혹은 칭의의 삶을 포괄적으로 설명합니다. 의롭다 함을 받은 자의 현실적인 삶의 모습은 하나님 나라의 역사에 참여하는 것입니다. 이는 칭의의 개인적인 차원을 넘어서서 사회적·정치적 차원을 함축하는 것입니다. 즉 구조적 죄악의 현실을 변화시키고자 이 세계에 열정적으로 개입하고 참여하는 삶이야말로 의롭다 하는 믿음이 활동하는 것이라 할 수 있습니다.

몰트만에게서 신앙의 경험은 죄 용서와 함께 하나님의

의 안에서 이루어지는 자유롭고 새로운 삶입니다. "예수는 우리 범죄함을 위하여 내어줌이 되고 또한 우리를 의롭다 하심을 위하여 살아나셨느니라"(롬 4:25)라는 바울의 표현처럼, 죄책으로부터 해방되는 경험이야말로 자유롭고 의로운 삶의 원동력이 됩니다. 그뿐 아니라 죄와 죽음의 세력의 통치로부터 해방되어 산 자와 죽은 자들의 주님이신 그리스도와의 사귐의 삶은 죽음의 폐기와 함께 주어지는 새 창조의 능력을 누리는 삶을 의미합니다. 이는 곧 하나님의 영광에 참여하는 영화의 삶을 지향하는 것이며, 종국적으로 행복한 삶을 실현하는 것입니다.

이런 맥락에서 인간의 칭의와 함께 하나님의 칭의를 말할 수 있고, 칭의의 공동체 안에서 이루어지는 의로운 삶에 대해서도 말할 수 있다고 몰트만은 주장합니다. 그리고 "칭의는 유일회적이며 한 시점적인(punktuelles) 사건이 아니라 믿음을 통하여 각 사람의 마음속에서 시작하며 의로운 새 세계를 향하여 나아가는 과정"이라고 역설합니다. 이렇게 몰트만은 칭의를 단회적 사건으로 보지 않고, 오히려 하나의 과정으로 설명합니다. 그는 "칭의에서 시작하여 성화를 거쳐 하나님의 영화에 이르는 더 큰 전

진의 과정이 죄인의 칭의와 함께 시작된다"라고 함으로써 칭의의 역동적인 성격을 강조합니다. 의롭게 하는 신앙은 단지 신자 개인에게 해당되는 구원의 경험만이 아닙니다. 모든 신자에게 세계의 새 창조와 하나님의 칭의를 향한 과정의 시작을 의미하는 것이라고 주장함으로써 칭의의 공적 성격(public character)과 종말론적 특성을 몰트만은 드러내 보여 줍니다.

14
거룩하게 됨

"'성화'라는 표현은 하나님이 자기를 위하여 선택하여
자기의 소유로 삼고 그것을 자기의 존재에 참여케 하는 하
나님의 행위를 나타낸다. 창조자는 안식일을 '거룩하게 하
며' 그것을 창조의 축제로 만든다. 그는 선택된 백성 이스
라엘을 거룩하게 하며 자기의 백성으로 만든다. 그는 성전
과 거룩한 성과 거룩한 땅과 그가 사랑하는 모든 것을 거
룩하게 한다. 그가 그 모든 것을 창조하였기 때문이다. 하
나님에게 속한 것은 하나님 자신처럼 거룩하다. 성화는 칭
의와 소명과 같이 우리에 대한 하나님의 행위라는 사실이
여기서 추론된다. 하나님은 자기가 의롭게 하는 자들을 또

한 거룩하게 한다(롬 8:30). 속되고 죄 된 우리 인간은 하나님에 의하여, 은혜로 말미암아, 그리스도 때문에 거룩하다고 선언되며 거룩하게 된다. … 하나님의 은혜를 받은 자는 또한 하나님 앞에서 선하고 의롭고 거룩하다. 인간에 대한 하나님의 행위로서의 성화는 하나의 관계와 소속성을 나타내는 것이지, 인간 자신의 상태(Zustand)를 나타내는 말이 아니다."『생명의 영』, 272-273.

몰트만은 하나님 형상의 회복 및 완성이 그리스도와의 사귐과 연합을 통하여 이루어진다고 주장합니다. 로마서 8:29을 해석하면서 하나님의 형상을 닮아가는 과정으로서의 선택과 소명과 칭의와 영화에 관하여 서술합니다. 즉 칭의와 함께 죄인은 그리스도의 의를 덧입고 하나님의 형상으로 회복되어 마침내 영화롭게 되는(빌 3:21) 미래를 향하여 나아갑니다. 그리하여 "죄인이 경험하는 칭의와 의롭게 된 자가 희망하는 영화 사이에 '성화'의 길이 있다"라고 주장합니다. 여기서 **성화는 하나님의 형상으로 창조된 새로운**

피조물로 날마다 변화되는 것(엡 4:24; 골 3:10)을 의미합니다. 따라서 성화는 칭의를 전제하는 것이며 영화는 칭의의 미래요 희망입니다. 즉 칭의는 성화 및 영화의 현재적 시작이요, 영화는 미래적 완성으로 주어지는 것입니다.

몰트만에게서 칭의가 하나님의 자녀됨과 영생의 상속권을 소유하는 것을 의미하는 것이라면, 성화는 하나님의 자녀됨을 누리고 영원한 생명의 삶을 지속해서 향유하는 것을 의미합니다. 하나님의 형상의 온전한 회복의 과정으로서의 성화는 그 시작으로서의 칭의와 따로 떼어낼 수 없습니다. 그러므로 칭의와 성화는 구별되나 분리될 수 없습니다.

그런데 성화의 근거는 하나님의 거룩하심에 있습니다(사 43:3; 계 3:7; 시 145:17). 하나님이 우리를 자신의 백성으로 선택하여 자신의 소유로 삼고 자신의 존재에 참여하여 하나님을 닮아가도록 하시는 하나님의 행동이 우리의 성화의 근거와 동력이 됩니다. 하나님은 자신이 의롭게 하는 자들을 또한 거룩하게 하시는 것입니다(롬 8:29). 몰트만은 "죄된 우리 인간은 하나님에 의하여, 은혜로 말미암아, 그리스도 때문에 거룩하다고 선언되며 거룩하게 된다"라고 주장합니다. 즉 동일한 하나님의 은혜로 말미암아 의롭게 되고 거룩하게 되는 것입니다. 그런데 성화는 단지 인간 자신의 상태를 의미하지 않습니다. 이는 하나님과의 관계와 소속성(belonging)을 뜻하는 것으로, 거룩하신 하나님께 소속되었다는 의미에서 거룩함에 참여할 수 있다는 것입니다.

따라서 **성화는 하나님 은혜의 선물(Gabe)이며 동시에 우리에게 과제(Aufgabe)로 주어집니다.** 거룩하신 하나님과 사귐을 통해 우리는 거룩한 삶을 살아갈 수 있고 살아가야 합니다. 이런 의미에서 신자들은 하나님으로 말미암은 성화의 수동적 대상만이 아니라, 성화의 삶의 새로운 주체로서 행동할 수 있습니다. 이는 **온전히 성령이 인도하는**(led by the Spirit) **삶의 방식입니다.** 하나님과 사귐을 통해 예수 그리스도의 뒤를 따르는 삶이요, 거룩한 하나님의 성품을 닮아가는 삶입니다. 즉 인간 편에서 하나님의 형상 회복이요, 하나님에 상응하여 일치하는 삶이 곧 성화의 삶입니다. 그런데 몰트만은 존 웨슬리의 주장과 달리, '죄 없는 완전함'(sinless perfection), 즉 완전 성화가 이 땅에서는 이루어질 수 없다고 역설합니다. 부분적이고 단편적이며, 잠정적이고 불완전하게 우리의 성화 과정은 계속되는 것입니다.

이러한 성화의 과정에서 가장 중요한 것이 바로 반복적

인 회개입니다. **반복적인 회개는 구원을 받은 신자가 거룩한 삶을 영위하기 위한 수단입니다.** 회심과 믿음을 통해 하나님의 자녀가 된 자들이 말씀과 기도와 봉사의 삶을 통해 거룩하게 되어가는 성화의 과정에서 회개가 이루어집니다. 신자는 성령 안에서 거듭날 때 죄의 책임(죽음)으로부터는 면제되었지만, 죄의 내적 성향(disposition)과 죄로 말미암아 오염(pollution)된 세상 한가운데 살면서 여전히 죄를 범하게 됩니다. 허물과 실수와 잘못과 죄악의 한 가운데 놓여 있는 것입니다. 그래서 루터는 말하기를, 신자는 '의인이면서 동시에 죄인'(*simul justus et peccator*)이라고 주장합니다. 그러므로 성화의 과정에서 회개가 필수적입니다.

성화에 있어서 몰트만은 부활의 경험을 매우 중시합니다. 루터는 성화론에서 '자신의 죽음'(*mortificatio sui*)과 매일의 참회를 강조한 것에 반해, '영 안에서의 살아남'(*vivificatio in Spiritu*)을 강조하지 않았다고 몰트만은 지적합니다. 반면에 그는 칼뱅을 따라, **그리스도와 함께 죽고(*mortificatio*) 다시 살아남(*vivificatio*)으로서의 중생과 성화의 삶을 강조합니다.** 성령 안에서, 성령의 인도함을 받는 삶은 부활하신 그리스도와 연합된 삶이며, 그리스도의 뒤를 따르는 삶입니다. 영화 역시 부활하신 그리스도를 닮아 홀연히 변화하는 것입니다(빌 3:21). 영원한 생명의 씨앗이자 담보로서의 부활의 영 안에 거하는 신자들의 삶은 중생과 칭의의 완성으로서의 영화를 기다리고 있습니다. 이런 의미에서 신자는 부활의 과정 가운데 있는 자들입니다.

그런데 **중생의 경험이 다시 태어남을 의미한다면, 성화는 '성장'과 '성숙'을 의미합니다. 성령 안에서 새로운 삶, 성령의 이끄심을 받는 삶, 영적 삶이란 믿음과 소망과 사랑이 성령 안에서 현재화하는 삶을 가리킵니다.** 즉 하나님의 은혜를 덧입은 신자의 응답과 과제와 책임으로서의 믿음과 소망과 사랑의 성장과 성숙 및 심화와 강화를 뜻합니다. 이를 통해 신자는 의롭게 되며, 사랑받고, 긍정되며, 생동적인 삶을 영위하게 됩니다. 성령 안에서 누리는 하나님과 영원한 사랑의 사귐 속에서 삶의 에너지로 충만하게 됩니다. 하나님 사랑과 자기 사랑과 이웃 사랑의 경험을 통해 삶에 대한 긍정과 기쁨과 자유와 평안을 누리게 됩니다. 그래서 하나님의 은혜로 말미암은 거룩한 삶의 풍성한 열매를 맺어갈 수 있습니다. 이는 우리 안의 내적 가능성이 아닌 성령의 열매(갈 5:22-23)라고 할 수 있습니다.

몰트만의 **성화 이해에서 강조되는 것은 그리스도인의 고난입니다.** 성령 안에서 살아간다는 것은 곧 그리스도의 뒤를 따른다는 것입니다. 그리스도인은 성화 과정에서 고난을 경험함으로써 하나님의 형상을 닮아갑니다. 이는 성령의 인도하심 가운데 하나님 나라와 의를 위하여 십자가를 지는 고난을 포함합니다. 그리스도인은 예수님 부활의 영을 힘입어 스스로 고난을 극복할 뿐 아니라, 세계 곳곳에서 고통당하는 사회적 약자들의 고난을 위로하며 함께 고난을 극복하는 창조적 힘을 얻을 수 있습니다. 무엇보다도 몰트만에게서는 **생태학적 성화**가 특히 강조됩니다. 근대 이후 이어져 온 자연파괴의 현실 앞에서 생명의 거룩함을 존중하며 생태계의 회복을 위해 노력하는 것입니다. 지구 온난화와 환경 오염의 위기 앞에서 생명에의 경외와 자연 사랑을 통해 모든 생명을 사랑함으로써 죽음의 세력에 저항하며 창조세계의 보전과 치유와 회복을 이루어가는 것입니다.

몰트만에게서 **영화는 그리스도인이 성령 안에서 하나님의 영광을 덧입어 하나님의 형상이 최종적으로 완성되는 것입니다.** 영화는 중생과 칭의와 성화의 목적이며 완성입니다. 성령 안에서 홀연히 영광스럽게 변화함으로써(빌 3:21;

요일 3:2), 그리스도인은 삼위일체 하나님을 얼굴과 얼굴로 맞대어 뵙는(고전 13:12) 영광을 누리게 됩니다. 이때 온전케 된 하나님의 형상은 하나님의 영원한 생명에 참여하게 되며, 삼위일체 하나님과 영원한 사랑의 교제를 통해서 하나님을 영원토록 향유하는 복을 누리게 됩니다.

이렇게 성령 안에서의 새로운 삶은 종말론적 방향성을 지닙니다. **성령은 종말론적 선수금 혹은 보증금으로서 다가올 미래를 현재 속에서 경험하도록 하기 때문입니다.** 몰트만은 칭의와 성화 역시 아직 온전하게 실현되지 않은 미래를 미리 내다보며 지속해서 성령 안에서 능력을 체험하며 앞으로 나아가는 것이라는 점에서 종말론적 지향성을 갖고 있다는 점을 명백하게 합니다. 구원은 하나님 형상의 회복의 모든 과정을 포함하는 것입니다. 죄로 인해 타락하여 손상되고 왜곡된 하나님의 형상이 예수 그리스도의 피와 성령의 중생 역사로 말미암아 새롭게 되고, 회복되며, 온전하게 됩니다.

그런데 몰트만의 구원 이해의 특성은 무엇보다도 종말론적 선취의 성격이 두드러진다는 점입니다. 중생과 칭의와 성화의 과정에서 구원은 단지 과거 완료 시제가 아니며, 과거와 현재 미래의 세 시제를 포함하고 있습니다. 다가오고 있는 미래의 '미리 맛보기'(foretaste)이자 '앞당겨 움켜쥠'을 의미하는 선취 또는 예기(anticipation)는 성령의 역사로 말미암은 것입니다. 성령 안에서 우리는 그리스도에 의해 이미 성취된 것을 현재화하며, 아직 도래하지 않는 완성된 상태를 지금 여기서 부분적으로 맛보며 영원한 삶에 참여하는 것입니다.

15
자유

"자유를 사귐으로 규정한다. … 사랑에서 비로소 인간의 자유는 그의 진리에 도달한다. 내가 다른 사람에 의하여 존경과 인정을 받을 때에, 그리고 내 편에서도 내가 다른 사람을 존경하고 인정할 때에, 나는 자유로우며 내 자신도 자유롭다고 느낀다. 내가 진정으로 자유롭게 되는 것은 내가 다른 사람들에게 나의 삶을 개방하고 그들과 함께 나누며, 또한 다른 사람들이 그들의 삶을 나에게 개방하고 나와 함께 나눌 때이다." 『삼위일체와 하나님의 나라』, 335.

"이것이 '자유의 사회적인 면'이다. 우리는 그것을 사랑

혹은 연대라고 부른다. … 자유로운 사람은 친절하며, 다른 사람들에게 호감을 가지며, 개방되어 있으며, 유쾌하며 사랑한다. … 손님에게 자유로운 사람은 언제나 손님이 있지만 손님을 지배하지 않는다. 그는 낯선 사람들과 사귐을 나눌 수 있다. 그는 그들을 자기의 삶에 참여하게 하며 그들의 삶에 관심을 가진다."『생명의 영』, 186.

"생각과 말과 행동을 통하여 현재를 미래를 향하여 초월시키는 사람은 자유롭다. 미래는 창조적 자유의 자유스러운 영역으로 이해될 수 있다."『생명의 영』, 188.

몰트만은 자유를 새롭게 해석합니다. 고대 로마에서 자유인이란 노예가 아닌 주인을 의미했습니다. 누구에게도 속하지 않는 자유롭고 자율적인 인간이라는 의미입니다. 여기서 자유는 소유(possession)와 소속(belonging)의 개념과 관련됩니다. 여성과 자녀는 주인인 남편과 아버지의 소유이기에 진정으로 자유롭지 않습니다. 이런 맥락에서 자유는 '주권 혹은 통치로서의 자유'입니다. 지배와 종속, 억압과 차별의 관계로 형성된 계급 사회의 통치는 자유인에 의해서 이루어집니다. 그런데 통치로서의 자유는 인간들의 자유롭고 조화로운 사귐을 파괴합니다. 다른 사람을 희생시킴으로써만 자유로울 수 있는 자유인은 오직 자기 자신만 알며 자신의 소유와 이익에만 관심을 지니기 때문입니다. 그들의 자유가 다른 사람들에게는 억압을 의미하며, 그들의 자산은 다른 사람들을 가난하게 만들고, 그들의 권력은 아랫사람들과 여성과 아이들을 탄압합니다.

근대에서는 자유를 독립적인(independent) 것으로 이해합니다. 즉 인간은 누군가에게 의존하거나 타인에 의해 지배당하지 않는 인격적인 존재로서 자율적인 인간이라는 것입니다. 신이나 타인에게 정복당하지 않는, 스스로 사유하고 판단하는 자기 결정적인 존재로서의 자유인을 의미합니다. 그런데 이때도 여전히 자유인은 유럽 중심의 백인 남성이었기에, 여성과 타 인종들은 지배와 종속, 억압과 차별의 사회 구조 속에 놓여 있게 되었습니다.

반면에 몰트만은 자유를 관계성(relationship)으로 이해합니다. 소유가 아닌 관계 안에서 자유가 생겨나는 것으로 봅니다. **자유를 '사귐으로서의 자유' 혹은 '사랑 안에서의 자유'라고 이해합니다.** 독일어로 자유(Freiheit)는 우정(Freudlichheit)과 같은 어근에서 나온 말입니다. 우리는 친구 관계 속에서 진정으로 자유롭다는 의미입니다. 주인과 종의 관계가 아닌, 서로 사랑하는 친구 사이에서 진정한 자유가 생겨나는 것입니다. 몰트만에 따르면 "우정은 참으로 인간적인 친교를 향한 합리적인 열정이며, 신실함을 통해 견고해지는 상호 간의 호감"입니다. 친구 관계에서는 그 어떤 지배 주장도 필요 없으며 특권도 유명무실해집니다. 서로 신뢰하는 친구 관계에서는 서로를 이용하거나 조종할 필요가 없습니다. 억압이나 특권이 없는 자유로운 사회의 기초는 우정에 있습니다.

몰트만에 따르면 자유를 주권으로 이해하는 사람은 다른 사람을 희생시킴으로써만 자유로울 수 있습니다. 자신의 소유와 이익을 위해 타인을 억압하고 착취하는 통치로서의 자유는 사귐을 파괴합니다. 그러나 자유를 사귐으로 규정한다면, 서로에 대한 개방과 인정과 용납과 존중의 삶으로 나아갈 수 있습니다. 사랑 안에서 서로의 자유에 참여하며, 서로의 자유를 제한하지 않고, 오히려 서로의 자유를 확장할 수 있습니다. **이는 자유의 사회적 기능이며, 사랑의 유대(solidarity)에 해당합니다.** 사귐으로서 자유는 서로의 자유를 보완하는 역할을 하게 됩니다.

그런데 자유는 '무엇으로부터의'(from what) 자유에서 '무엇을 향한' 또는 '무엇을 위한'(for what) 자유로 나아갑니다. 그래서 우리는 **'해방으로서의 자유'**와 함께 **'희망으로서의 자유'**를 함께 말하지 않을 수 없습니다. 과거로부터의 결별만이 아니라, 미래를 내다볼 때 우리는 참으로 자유로울 수 있습니다. 희망하는 자는 무엇에도 얽매이지 않고 현재를 초월하며 미래를 향해 달려나갈 수 있기 때문입니다. 성령 안에서 참된 자유는 사람이나 상황, 조건이나 환경에 구속되지 않는, 자유로운 상태를 의미합니다. "주는 영이시니 주의 영이 계신 곳에는 자유가 있느니라"(고후 3:17). 몰트만은 이를 **자유의 미래적 기능이라고 부르며, '창조적 자유'라고 일컫습니다.** 그리고 이는 성령 안에서 누리는 참된 자유라고 합니다. 성령은 "영광의 선수금"(arabon)이기 때문입니다.

성령 안에서 우리는 하나님의 미래를 향하여 현재를 초월합니다. 희망의 빛에서 볼 때, 자유는 가능한 것을 향한 창조적 열정입니다. 생각과 말과 행동에 있어서 미래를 향하여 현재를 초월하는 자는 진정으로 자유롭습니다. 자유는 다가올 하나님 나라의 미래를 지향합니다. 이는 그리스도의 부활 희망에 근거한 것입니다. 그리스도인은 신앙 안에서 새로운 미래를 꿈꾸며, 예상치 못한 가능성을 실현하고자 합니다. 믿음 안에 있는 자유는 가능한 것이 실현되는 영역 속에서 한계를 깨뜨리는 창조성(creativity)입니다. 그리스도인은 자유로운 존재입니다. 주의 영이 있는 곳에서 참 자유를 실현하며 살아가기 때문입니다.

성령은 우리를 해방하고 구원하는 영입니다. 이스라엘 역사를 포함하는 살아 계신 하나님의 역사적 경험은 언제나 해방을 지향합니다. 이는 다가오는 미래를 향한 기다림과 결합해 있습니다. 즉 성령 안에 있는 자는 온갖 억압으로부터의 해방 경험과 함께, 해방의 경험 속에서 하나님을 경험합니다.

그런데 이 해방으로서의 자유는 언제나 하나님 나라에 대한 희망과 관련되어 있습니다. 세계 너머에 있는 하늘이 아니라, 세계를 변화시키는 '우리 앞에 있는 하나님 나라'는 우리가 현재를 넘어서 미래를 향해 나아가도록 합니다. 성령의 현존 안에서 불의한 세계에 대한 거부와 저항이 시작되며 하나님 나라에 대한 희망으로 충만케 됩니다. 이는 역사 변혁의 동력이 되어 하나님 나라를 구현하도록 추동합니다. 단지 성령 충만한 카리스마적 능력과 초자연적 은사가 아니라 오히려 다가오는 미래 세계의 능력들입니다(히 6:5). 해방하고 구원하는 모든 사역은 언제 어디서나 성령의 원천에서 솟아나며, 생명의 영에 의해 움직이는 삶과 관련됩니다. 즉 성령은 희망으로서의 자유를 활성화하며 새로운 미래를 창조하는 원천입니다.

16

치유

"복음 선포와 마찬가지로 병자 치유는 돌입해오는 하나
님 나라에 관한 예수님의 가장 중요한 증언이었다. 마태복
음 10:8에 의하면, 이것은 예수님의 제자들의 사명이기도
하며, 따라서 공동체의 본질적인 사명이기도 하다. 육체적
질병과 정신적 질병이 낫는 체험은 생명의 카리스마적 갱
신에 속한다. 신앙의 맥락 안에서 이런 치유는 생명의 거듭
남의 표지요, 만물의 새 창조의 전조다. 신앙 안에서 하나
님의 영은 그리스도의 부활의 영과 그 능력으로 체험되기
때문이다. 병자 치유는 죽음을 몰아내는 부활 세계의 전령
(傳令)이다."『생명의 샘』, 88.

"치유는 파괴된 공동체의 회복과 생명을 나누고 서로 소통하는 데 있다. 예수님은 하나님과의 사귐을 회복함으로써 병자를 치유한다. 예수님은 병자들과의 연대를 통하여, 그들을 위한 대리적 행동을 통하여 하나님과 병자들의 사귐을 회복한다. 그리스도 안에서 하나님은 인간이 되셨고, 제한되고 죽을 수 있는 인간성을 받아들였고, 그것을 영원한 하나님의 존재의 일부로 삼았다. 하나님은 병자를 치유하기 위해 죽을 수밖에 없는 인간성을 받아들이셨다. 예수 그리스도의 수난 속에서 하나님은 병들고 약한 자, 도움을 받을 수 없는 사람들과 장애자가 된 인간의 삶을 받아들이고, 그것을 자신의 영원한 생명의 일부로 삼으셨다. 하나님은 병든 자를 하나님의 고난 속으로, 슬퍼하는 자를 하나님의 슬픔 속으로 받아들임으로써 병든 자와 슬퍼하는 자를 치유하신다. '십자가에 달린 구세주'의 형상 속에서 병들고 죽어가는 사람은 자신을 발견할 수 있다. 그 이유는 하나님이 자신을 병들고 죽어가는 사람들 속에서 발견하시기 때문이다. 수난을 통하여 예수님은 하나님을, 죽어가는 자들의 절망 속으로, 병든 자의 하나님과의 단절된 관계 속으로 이끌어 들인다. 십자가에 달린 예수님은 모든 병든 생명을 감싸며, 하나님의 영원한 생명과 교제하기 위해 병든 생명을 하나님의 생명으로 삼는다. 그러므로 십자가에 달리신 분은 치유의 원천인 동시에 고난 속의 위로이기도 하다." 『그리스도가 계신 곳에 생명이 있습니다』, 65-66.

몰트만은 예수님의 지상 사역 가운데 매우 중요한 사역을 치유 사역으로 봅니다. **하나님 나라의 표징(Zeichen)으로서 구원 사건이 현재화되는 것이 바로 치유입니다.** 죄의 용서와 함께 수많은 병자를 치유하신 예수님의 사역은 구원의 방식을 통전적으로 이해하게 합니다.

여기서 **치유는 단지 영적이고 개인적인 차원만이 아니라, 신체적이며 사회적인 차원을 포함하는 것입니다.** 이것을 우리는 전인 치유라고 말합니다. 영혼과 육체의 통일체로서의 인간의 치유입니다. 치유는 인간과 삶을 구성하는 모든 차원, 즉 정신적 차원, 신체적 차원, 영적 차원, 인간관계의 차원, 사회적 차원 및 생태적 차원을 포함합니다. 이런 차원들은 각각 개별적인 것이 아니며 유기적으로 관련되어 있습니다. 성경에서 치유는 신체적 온전성, 정서적 안정감, 정신적 기능의 정상화, 영적 생동감을 회복하는 것을 비롯하여 깨어진 인간관계의 회복, 정의로운 사회의 발전을 포함합니다.

몰트만은 "건강한"(heil), "치유하다"(heilen), "거룩한"(heilig) 등이 똑같은 어원을 지니고 있으며, 건강(Gesundheit)과 치유(Heilen)와 거룩(Heiligen)과 온전함(Volländigkeit)과 행복(Glückligkeit)이 유사한 의미를 지니고 있다고 봅니다. 이를 토대로 하여 몰트만에게서는 통전적(einganzheitlich, wholistic, holistic)이라는 말이 전체의(ganz), 온전한(vollständig), 통합적인(integrative) 등의 의미를 지닙니다. 여기서 통전적 구원은 전인 구원, 개인과 사회의 구원, 인간과 자연의 구원을 포함하는 총체적이고 통합적인 구원의 영역과 성격을 가리킵니다.

몰트만의 구원 이해에서 강조되는 점은 **치유로서의 구원 이해**입니다. 전인 구원을 주장하는 몰트만은 영혼과 육체의 치유와 회복, 이를 통한 심신의 건강과 행복을 구원의 핵심으로 이해합니다. **먼저 하나님과 관계회복이 이루어져야 하고 영혼과 육체의 사귐이 회복되며 병든 사회적 관계가**

16_ 치유 • 167

회복되면 비로소 생명의 나눔이 이루어지는 것입니다. 신체적 질병의 치유와 영혼의 치유는 함께 연결된 것입니다(눅 5:17-26). 죄의 고백과 죄의 용서가 이루어질 때 온전한 몸의 치유와 회복이 가능해집니다.

이런 치유 속에서 우리는 마치 '새롭게 태어난 것처럼' 느끼며 다시 '생명을 선사 받았음'을 느끼게 됩니다. 부활의 체험이 이루어지는 것입니다. 이는 부활의 영 안에서 우리 몸에 심긴 생명의 씨앗을 누리는 것과도 같습니다. 그러므로 **치유는 생명의 거듭남의 표지이고 만물의 새 창조의 전조입니다.**

예수님은 복음 선포와 함께 치유 사역을 통해 하나님 나라를 가져오시는 분입니다. 하나님 나라는 단순한 신체적 질병의 치유만이 아니라, 최종적으로는 죽음으로부터의 부활과 영원한 생명을 포함합니다. 병자 치유는 이러한 하나님 나라를 미리 맛보여주는 종말론적 선취의 행동입니다. **예수님의 치유 기적은 곧 '하나님 나라의 기적'이라고 할 수 있습니다.** "병든 자를 고치며 죽은 자를 살리며 나병 환자를 깨끗하게 하며 귀신을 쫓아내되 너희가 거저 받았으니 거저 주라"(마 10:8)는 말씀에서 보듯이, 이런 치유 사역은 예수님의 제자들에게 허락된 사명이면서 동시에 오늘날 신앙 공동체에게 부여된 사명이기도 합니다.

그런데 치유는 예수님의 단독 사역으로만 이루어진 것이 아닙니다. **예수님과 환자들 사이의 '기대', 환자들의 '믿음과 의지' 사이의 상호행동 속에서 일어난 것입니다.** "네 믿음이 너를 구원하였느니라"(마 9:22; 막 5:34; 눅 8:48, 50). 이렇게 **예수님의 치유는 환자들의 믿음과 함께, 믿음을 통하여 이루어진 것입니다.** 그리고 질병의 치유는 필연적인 것이 아니며 우연적인 것입니다. 즉 치유는 인간에 의해 의도적으로 만들어지는 것이 아니라, 하나님이 원하실 때, 원하시는 곳에서 일어납니다. 그래서 일관된 치유의 방법도 제시되는 것은 아닙니다.

몰트만은 질병을 인간관계의 파괴와 왜곡과 손상에 기인한다고 봅니다. 그러므로 관계의 치유가 일어나야 한다고 주장합니다. 따라서 **치유에는 "사랑을 통한 치유", "신뢰를 통한 치유", "새로운 사귐을 통한 치유"가 필요합니다.** 이렇게 치유 사역은 세상을 온전케 하시는 하나님의 구원 역사에 참여하는 행위입니다.

그런데 몰트만은 예수님의 치유 능력이 질병을 제압하

는 그의 강력한 초능력에 있지 않으며 오히려 그의 '고난의 능력'에 있다고 주장합니다. **예수님은 자신의 고난 속에서 질병을 '담당하시고', 고난 당하는 자들의 친구가 됨으로써 그들을 치유하십니다.** 예수님은 우리의 질병을 '짊어짐으로써' 치유하십니다.

"그가 찔림은 우리의 허물 때문이요 그가 상함은 우리의 죄악 때문이라 그가 징계를 받으므로 우리는 평화를 누리고 그가 채찍에 맞음으로 우리는 나음을 받았도다"(사 53:5)라는 표현처럼, 우리는 그분의 상처를 통하여 치유를 받았습니다. 그러므로 예수님의 고난, 즉 십자가의 희생이 모든 치유의 비밀입니다. 예수님은 영원한 생명을 나누기 위해 십자가에서 버림을 받고 죽음을 경험하심으로써 치유의 길을 활짝 여신 것입니다.

자신 안에 고난과 질병을 받아들이신 예수님은 병자들의 친구가 되어 그들을 이해하고 공감하시며, 그들의 아픔을 외면하지 않으십니다. 그뿐 아니라 영원한 생명의 능력으로 모든 환자에게 치유의 능력을 나누어 주십니다. 상처를 싸매시고 연약한 부분을 어루만지시며 온전한 치유의 역사를 허락하십니다. 이때 병자들은 십자가의 희생을 바라보며 자신을 발견하고 그 크신 사랑에 감화되어 위로를 얻게 됩니다. 자기들보다 더 큰 고난과 아픔을 겪으신 예수님에 대한 이해가 생겨나며 병자들과 연대하시는 예수님에게서 커다란 위로를 얻게 됩니다. 그러므로 십자가에 달리신 분은 치유의 원천이며, 십자가는 치유의 장소입니다. 우리는 십자가의 그늘에서 참된 위로와 안식을 누리게 됩니다.

동시에 부활의 영 안에서 생명의 소생과 치유와 회복의 능력을 체험하게 됩니다. 새 하늘과 새 땅에서 하나님의 보좌로부터 흘러나오는 생명의 강물을 마시며 만물을 새롭게 하시는 역사를 지금 여기에서 누리게 되는 복을 누리게 되는 것입니다.

"모든 눈물을 그 눈에서 닦아 주시니 다시는 사망이 없고 애통하는 것이나 곡하는 것이나 아픈 것이 다시 있지 아니하리니 처음 것들이 다 지나갔음이러라 보좌에 앉으신 이가 이르시되 보라 내가 만물을 새롭게 하노라 하시고 또 이르시되 이 말은 신실하고 참되니 기록하라 하시고"(계 21:4-5). "또 그가 수정 같이 맑은 생명수의 강을 내게 보이니 하나님 및 어린 양의 보좌로부터 나와서 길 가운데로 흐르더라 강 좌우에 생명 나무가 있어 열두 가지 열매를 맺되 달마다 그 열매를 맺고 그 나무 잎사귀들은 만국을 치료하기 위하여 있더라 다시 저주가 없으며 하나님과 그 어린 양의 보좌가 그 가운데에 있으리니 그의 종들이 그를 섬기며 그의 얼굴을 볼 터이요 그의 이름도 그들의 이마에 있으리라"(계 22:1-4).

17
행복한 기도

"기도는 하나님께, 그리고 하나님과 함께 말하는 것이다. 그리고 그리스도와의 사귐 안에서 하나님이 '우리의 아버지'가 되신다면, 그분의 자녀는 언제 어디서나 즐거이 그분과 대화하고 싶을 것이다. 어린이가 성장하며 부모와 대화하는 법을 배우듯이, 하나님의 자녀가 된다는 것도 마찬가지다. 성령으로 인하여 기도하게 되고, 성령 안에서 하나님의 음성을 듣게 되며, 기도를 통하여 하나님과의 사귐으로 성장해 간다. 의식적이든 무의식적이든, 우리가 '쉬지 않고 기도할'(눅 18:1) 수 있을 때까지 신앙은 기도를 강화하고, 기도는 신앙을 강화한다." 『생명의 샘』, 169.

"기도는 묵상으로 이어지고, 묵상은 하나님 안의 조용한 몰입으로 이어진다. 우리는 우리의 소원과 간구로 기도를 시작한다. 우리는 우리의 사상과 생각을 수용한다. 이것은 우리가 갈구하고 감사히 여기는 하나님의 선물이다. 그다음에 우리는 부유함의 근원인 하나님의 은혜로운 손을 깨닫게 된다. 하나님의 열려 있는 이 손에 의하여 우리는 열린 마음을 갖게 되거나, 우리를 영원히 보호하는 '하나님의 품'으로 인도된다. 이러한 행위는 하나님께 기도하는 행위로부터 하나님 안에서 살아가는 생활로 나아가는 길을 설명한다. … 우리가 하나님을 사랑하는 것은 생활을 지탱해 주고 선하게 하는 하나님의 은혜의 선물 때문만이 아니다. 그리고 우리가 하나님을 사랑하는 것은 사방에서 우리를 감싸는 그분의 놀라운 임재 때문만도 아니다. 이제 우리는 하나님 때문에 하나님을 사랑하기 시작하며, 그분의 아름다움에 대한 일종의 몰아적 관조 속에서 행복을 느끼게 된다. 이러한 흠모(欽慕) 속에서 우리는 자신을 잊기 때문에 침묵하게 된다. … 그러므로 기도 중에 사상과 생각 사이에서, 그리고 소원과 간구 사이에서 침묵하는 것이 좋고, 침묵하면서 영원한 순간 안에 거하는 하나님의 임재를 느끼는 것이 좋다." 『생명의 샘』, 173.

　몰트만에게 **기도는 '아바'**(Abba) **관계성입니다.** 성령은 하나님을 '아바'라고 부르게 함으로써, 우리를 부모와 자녀의 관계 속으로 들어가도록 하십니다(마 6:9; 롬 8:14-16). 사랑하는 자녀의 삶에 책임 있는 부모처럼 가장 자비롭고 신실한 성부께서 그리스도인을 돌보고 인도하십니다. 사랑하는 아버지요, 우주 만물의 통치자요, 세계와 역사의 주님으로서 우리의 기도를 들으시고 행동하시는 성부를 신뢰하고 의지함으로써 우리는 기도를 드릴 수 있습니다.

　기도는 예수 그리스도의 이름으로 성령의 능력 안에서 하나님의 보좌 앞에 나아가는 방식입니다. 예수 그리스도 안에서 우리는 보혈의 능력을 힘입어 하나님 아버지 앞에 나아갑니다. 그리스도를 통하여(through) 우리는 성부에게 기도합니다. 예수 그리스도는 부활 후 승천하시어 하나님의 보좌 우편에서 우리를 위해 중보자로서 사역하십니다(롬 8:34). 그분은 우리의 연약함을 이해하며 불쌍히 여기시는 분(히 4:15)으로서, 우리를 변호하시고 끊임없이 우리를 위해 간구하십니다(롬 8:34; 요일 2:1-2). 동시에 우리는 성령의 능력으로 기도를 시작할 뿐만 아니라, 성령 안에서 하나님과 사귐을 누립니다. 성령은 우리의 위로자(comforter)요 상담자(counselor)로서 우리의 기도에 참여하십니다. 성령은 우리가 하나님의 뜻을 이해할 수 있도록 그리고 우리에게 주신 하나님의 삶의 원리를 구체적인 상황에 적용할 수 있도록 도와주십니다. 무엇보다도 중보의 영으로서 우리가 때로 간구할 수 없을 때라도 우리를 위해 탄식하며 기도해 주십니다(롬 8:26-27; 고전 2:10-11). 성령은 마치 가정교사(tutor)처럼 우리의 기도 학습을 위해 친절하게 조언하고 지도해 주시기도 합니다. 그러므로 우리가 간구해야 할 가장 좋은 것은 바로 성령입니다(눅 11:13). 우리가 기도를 드릴 수 있는 것은 이렇게 삼위일체 하나님과 인격적 관계성을 맺을 수 있기 때문입니다.

몰트만에게서 **기도는 성령 안에서 누리는 기도입니다.** 성령은 우리가 기도할 수 있도록 도우시는 분입니다. 성령 안에서 우리는 하나님께 감사함으로 기도를 시작하며 회개와 고백을 거쳐 하나님 앞에 서게 됩니다. 성령 안에서 깊은 기도에 이를 때 우리는 은사(gifts)보다 은사를 주시는 분(Giver)에게 주목하게 됩니다. 하나님의 능력 때문이 아니라, 하나님 자신 때문에 우리는 기뻐하고 감사하며 찬양하는 자가 됩니다. 소유의 복에 앞서 관계의 복을 누리게 됩니다. 마치 하나님의 얼굴을 지금 여기서 뵙듯이, 하나님의 영광과 아름다움에 압도당하는 경험을 하게 됩니다. 성령 안에서 기도할 때 우리는 하나님을 마주하게 되고 놀라움과 경외심으로 인해 침묵의 경지에 이르게도 됩니다. 그래서 하나님 영광의 광채 안에 머물게 됩니다. 마침내 우리의 기도는 찬양과 송영(doxology)으로 열매 맺습니다. **하나님의 선물 때문이 아니라, 하나님 자신 때문에 하나님을 사랑하는 온전한 관계를 기도 안에서 경험하는 것입니다.**

그런데 **기도는 삼위일체 하나님과의 인격적 만남**(personal encounter)**과 교제**(fellowship)**입니다.** 성부를 '아바 아버지'라고 부르며 예수님의 이름으로, 성령의 능력을 힘입어 간구하는 것입니다. 즉 하나님을 주님으로, 아버지로, 친구로 부르는 관계성을 누리는 것입니다. 구원 얻은 그리스도인에게 참된 행복은 소유가 아닌 관계의 복이기에, 기도를 통한 하나님과 사랑의 사귐을 통해서 우리는 진정한 행복을 누릴 수 있습니다. 그런 의미에서 행복한 기도는 하나님과 우리 사이의 친밀하고 오붓한 시간(Quality time)을 누리는 것입니다. 우리가 기도를 통해 얻게 되는 가장 커다란 선물은 바로 하나님 자신입니다. 우리가 기도할 때 하나님은 자신을 우리에게 내어주십니다. 동시에 우리 자신을 하나님께 내어드림으로써 진정한 사랑의 사귐이 이루어집니다. "너희가 내 안에, 내가 너희 안에"(요 14:20)라는 사랑의 교제를 누릴 수 있습니다.

기도는 삼위일체 하나님과 사랑의 대화를 나누는 것입니다. 몰트만은 "기도는 하나님께, 그리고 하나님과 함께 말하는 것"이라고 주장합니다. 기도는 단지 독백이 아니라, 하나님의 영의 숨결을 받아 하나님과 대화를 나누는 것입니다. 하나님과 우리 사이에 막힘없는 의사소통이 이루어지는 것입니다. 먼저 온몸과 온갖 감성을 표현하여 탄식과 감사와 기쁨의 찬양을 드립니다. 이렇게 찬양과 감사와 경배로 표현되는 하나님을 향한 우리의 사랑은 이제 하나님의 선한 뜻을 묻고 의지하며 즐겁게 경청하는 것으로 나아갑니다. 기도는 우리가 말하기 전에 먼저 듣는 것(listening)입니다. 하나님의 말씀을 청종하는 것입니다. 기도는 하나님의 위로와 조언과 배려와 권면의 말씀을 즐겨 들음으로써, 사랑으로 말미암은 순종의 길로 나아가는 삶의 방식입니다.

기도는 삼위일체 하나님과 동역(cooperation)**하는 것입니다.** 우리는 홀로 기도하지 않습니다. 우리가 기도할 때 삼위일체 하나님이 함께 활동하십니다. 기도는 우리가 하나님께 드리는 것이며 그분이 우리에게 응답하시는 역동적인 사건(dynamic event)입니다. 기도는 하나님의 뜻과 인간의 뜻이 함께 만나고 하나님의 주권 및 돌보심과 인간의 책임성이 함께 어우러져 이루어지는 역동적인 사건입니다(롬 8:28). 하나님은 우리와 손을 맞잡고 일하고 싶어 하십니다. 때로 우리가 간구하지 않아도, 구하기 전에 하나님께서 미리 주시는 경우가 있습니다. 마치 부모의 사랑과 책임에서 그렇게 하듯이 말입니다. 그러나 하나님은 우리가 간구하기를 원하십니다. 우리의 기도에 응답하고 싶어 하시기 때문입니다. 그렇기에 우리에게 원하는 바가 이루어지기를 간구하라고 말씀하십니다. 그런데 하나님은 우리가 원하는 것을 주기 원하실 뿐 아니라, 가장 좋은 것을 주고 싶어 하신다는 사실을 잊지 말아야 합니다.

기도는 삼위일체 하나님께 간구하고 탄원하는 것입니다. 우리의 모든 소원을 빠짐없이 아뢰는 것입니다. 몰트만은 우리가 활짝 편 손과 빈 마음으로 하나님께 나아가야 한다고 말합니다. 하나님은 우리의 간구를 들어주시는 것을 좋아하십니다. 자기의 아들 예수님의 기도를 하나도 빼놓지 않고 들어주셨던 아버지 하나님은 성령 안에서 그의 자녀의 필요에 시시때때로 응답하시는 분입니다. 우리는 예수 그리스도의 아버지 하나님이 온갖 탄원과 절규에 응답하시는 분임을 확신하며 우리의 팔을 뻗습니다. 우리를 향한 하나님의 사랑에 대한 확고한 믿음과 의존하는 자유를 힘입어 마음과 뜻과 정성과 힘을 다해 하나님께 기원하고 소원해야 합니다. 무엇보다도 "하나님에게는 모든 것이 가능하다"라는 믿음으로 기도의 응답을 요청해야 합니다. 우리의 기도에 하나님이 반드시 응답하신다는 믿음 안에서 감사를 드리는 게 우선입니다. 하나님은 모든 것을 자기 마음대로 결정하시는 분이 아닙니다. 사랑의 파트너인 우리의 뜻을 배려하시고 존중하시는 분입니다. 우리가 기도할 때마다 우리의 간구를 들어주시고, 도와주시려고 기다리시며, 마침내 개입하시는 분임을 신뢰하며 간절히 아뢸 수 있습니다.

기도는 중보기도의 꽃을 피우고 그 열매를 풍성하게 맺어

야 합니다. 몰트만은 우리가 '중보기도의 그물망' 안에 있다고 설명합니다. 그리스도인은 자신만이 아니라 다른 사람을 위한 기도의 세계 속으로 들어갑니다. 동시에 다른 사람이 자신을 위해 기도할 수 있음을 알고 있습니다. 성령 안에서 우리는 시간과 공간의 차이와 거리를 좁히며, 모든 사람을 위해 중보기도를 드릴 수 있습니다. 인간관계의 벽을 허물고, 온갖 갈등과 대립의 관계들을 해소하고 완화할 수 있는 새로운 장(場)이 열리는 것입니다. 기도 속에서 우리는 결단코 외롭지 않습니다. 누군가 나를 위해 기도한다는 사실을 깨달을 때, 우리는 삶의 새로운 용기를 얻게 되고 삶의 활력을 누리게 됩니다. 누군가를 위해 기도할 때 우리는 사랑의 열정을 품게 되고 범세계적인 시야가 열리며 마음의 공간을 넓게 확장하게 됩니다. 세상을 따스하게 하며 세계 곳곳에서 울려 퍼지는 한숨 소리와 외침에 귀 기울이면서 우리의 두 손과 두 발을 그들에게 건네게 됩니다. 매우 구체적인 기도의 제목들을 나눔으로써 우리는 하나님의 통치에 실제로 참여합니다.

18
우정 안에서 누리는 기도

　"'친구'는 서로 사귀는 관계다. 그들은 기쁨과 슬픔을 함께 나눈다. 하지만 같이 기쁨을 나눈 자라야 슬픔도 함께 나눈다. 친구는 어려운 인생의 문제를 터놓고 이야기한다. 서로 좋아하고 존경한다. 서로 이해하고 알고 지내듯이 하나님과도 그렇게 교류한다. 하나님께 우리의 소원과 근심을 아뢴다. 서로 자신의 생각을 강요하지 않고. 오히려 상대방의 자유를 존중한다. 구약에서는 하나님을 '본' 사람만을 하나님의 '친구'라 칭한다. 신비주의자들은 믿는 자들을 모두 '하나님의 친구들'이라고 한다. 마치 '친구를 대하듯이' 성령의 능력을 힘입어 하나님과 아주 친하게 믿고 이야기할 수 있기에 그렇다. 종은 구걸하고, 자식은 의지하고, 친구는 의논한다. 이 세 가지는 기도하면서 나타나는 자의식의 세 단계라기보다 기도하는 자에게 주어지는 경험의 세 차원이다."『살아계신 하나님과 풍성한 생명』, 301-302.

"율법에 순종하는 사람은 자신을 아마도 하나님의 종으로 느낄 것이다. 그러나 복음을 믿는 사람은 자신을 아마도 하나님의 자녀로 이해할 것이다. 그러나 기도 속에서 그는 하나님의 친구로서 하나님과 대화하게 된다. 누가(눅 11:5 이하)가 '주기도문'에 덧붙인 비유는 친구에게 빵을 구하는 일상적인 간청에 관한 것이다. 비록 부적절한 시간이지만 그는 우정 때문에, 그리고 긴급한 간청을 외면할 수 없기 때문에 간청을 들어준다. 예수님의 이름으로 기도할 때, 하나님은 친구 입장에서 기도를 받게 되고, 하나님의 우정 때문에 강요를 받게 된다. 요한에게서도 예수님의 우정은 기도의 확신으로 이어진다. "내 이름으로 아버지께 무엇을 구하든지 다 받게 하려 함이라."(15:16) 이로써 '응답을 확신하는 기도'는 하나님의 우정 안에서 이루어지는 삶을 표현하게 된다. 하나님은 자신과의 대화를 허락하신다. 하나님은 자신의 친구의 말에 귀를 기울이신다. ⋯ 죄인이 바로 하나님을 기꺼이 응답해 주시는 하나님으로 만난다는 사실, 그리고 하나님이 인간에게 종으로서 겸손하고 자녀로서 감사할 것을 요구하실 뿐만 아니라 친구로서 신뢰하고 담대할 것을 요구하신다는 사실은 죄인을 향한 하나님의 은혜다. ⋯그러므로 순종과 신앙 외에도 이런 기도는 인간의 자유의 가장 높은 단계다."『예수 그리스도의 길』, 185-186.

몰트만은 **기도의 높은 수준이 우정 안에서 누리는 기도라고 말합니다.** 즉 하나님과 우리가 친구 관계를 누리는 것입니다. 우리가 하나님을 '주님'으로 부를 때, 우리는 종의 자격으로 나아갑니다. 몰트만에 의하면, 종은 주인에게 구걸하고, 빈궁에 처해야만 주인을 찾습니다. 긴급상황에서 문제해결사를 찾는 것입니다. 반면에 하나님을 '아버지'로 부를 때, 우리는 하나님의 자녀로서 부모를 신뢰하고 의지하는 마음으로 아룁니다. 자녀에 대해서 책임을 다하는 자비로우신 부모에게 간절히 기대는 것입니다. 그러나 몰트만은 여기서 멈추지 말아야 한다고 주장합니다. 우정 안에서 기도하기를 추구해야 한다는 것입니다.

몰트만은 예수님과 우리의 관계를 '친구로 부릅니다. 어떤 사람들은 이런 관계 설정이 매우 불경하다고 못마땅해하기도 합니다. 감히 우리가 어떻게 하나님의 친구가 될 수 있단 말인가?

그러나 하나님과 하나님 사랑의 파트너인 인간의 관계는 유비적으로(analogically) 표현할 수 있습니다. 하나님의 형상인 인간은 비록 하나님과 이종(二種, heteros)이지만 이 세상의 그 누구와 비교할 수 없을 정도로 하나님을 쏙 빼닮았습니다. 동시에 하나님을 그대로 닮았음에도 불구하고 질적으로 너무나 다른 존재입니다. 이를 "닮음 속의 다름"(difference in similarity), "다름 속의 같음"(similarity in difference)이라는 '관계의 유비'(analogy of relation)로 설명할 수 있습니다. 하나님과 인간의 관계는 대체로 다음과 같이 규정할 수 있습니다. 왕과 백성, 부모와 자녀, 스승과 제자, 목자와 양, 신랑과 신부, 친구 혹은 연인 등입니다.

그런데 몰트만은 특히 친구 관계에 주목합니다. 구약에서 아브라함을 친구로 불렀던 여호와 하나님(사 41:8; 약

2:23)께서는 모세를 벗으로(출 33:11) 부르시기도 합니다. 구약성경에서는 하나님의 얼굴을 본 자만이 하나님의 친구로 불립니다. 그런데 예수님은 자신의 제자들에게 자기가 친구를 위하여 죽을 것이라고 말씀하시며 이제 그들을 친구로 삼으셨습니다. "사람이 친구를 위하여 자기 목숨을 버리면 이보다 더 큰 사랑이 없나니 너희는 내가 명하는 대로 행하면 곧 나의 친구라"(요 15:13). 여기서 **친구 관계란 친밀한 관계, 가까운 사이, 연인 사이로 우정을 나누는 관계입니다.** 참된 친구는 거리낌 없이 마음을 보여주고 모든 것을 개방합니다. 참된 친구는 슬픔과 기쁨을 함께 나누며 마음속 깊은 비밀을 서로 나눕니다. 흉금을 털어놓고 사심이 없으며 서로 친구를 자랑스럽게 생각합니다. 참된 친구는 눈빛만 봐도 서로 알 수 있습니다. 그뿐 아니라 좋은 친구는 서로 닮아갑니다. 그래서 서로가 원하는 것을 굳이 말하지 않아도 해줍니다. 친구가 건네는 말은 명령이 아니라 배려이며 사랑의 권면이기에 억지로 하는 복종이 아니라 사랑에서 우러나오는 순종하는 자유를 행사하는 것입니다.

이렇게 기도는 친구 사이를 누리는 것입니다. 비밀이 하나도 없고, 속을 터놓는 사이, 한 시도 떨어져 있고 싶지 않은, 보고 있어도 더 보고 싶은 마치 연인 같은, 좋은 친구 사이입니다. 함께 있으면 시간 가는 줄도 모르고 서로 좋아하는 것들과 싫어하는 것들을 공유하게 됩니다. 서로를 깊이 알아갑니다. 점점 더 서로를 닮아갑니다. 생각도, 감정도, 말도, 행동도, 태도도, 습관도, 기호도, 가치관도 비슷해지는 것입니다. 우리의 기도는 친구처럼, 주님과 시간을 함께 보내고, 모든 비밀을 나누고, 시시때때로 물어보고, 즐겁게 그 말을 들어주는 친밀하고 오붓한 시간입니다. 행복한 시간을 누리는 것입니다.

몰트만은 기도 속에서 우리는 친구로서 하나님과 이야기할 수 있고, 하나님은 친구처럼 우리의 이야기를 들으신다고 주장합니다. **친구 관계는 서로를 신뢰하고 존중하며 상대의 자유를 허용합니다.** 그 어떤 억압이나 조종(manipulation) 없이 서로의 자유를 존중합니다. 우리는 하나님께 어린아이처럼 떼를 쓰거나 함부로 강요하거나 협박하지 않으며 하나님 또한 우리에 대한 배려 없이 홀로 전횡하지 않으십니다. 우리의 형편을 돌아보시며 우리의 요청에 기꺼이 응답해 주십니다. **하나님은 우리의 기도를 들어주심으로써 자신의 우정을 친히 보여주십니다.** 우리의 기도와 하나님의 응답은 이런 우정 안에서 이루어집니다.

몰트만은 우정으로 인해서 하나님의 전능한 자유 안에 피조적 존재인 인간의 자유가 들어설 자리가 생겨난다고 역설합니다. 이러한 우정 안에서 인간은 행동하시는 하나님에게 영향을 끼치고 하나님과 협력할 가능성을 얻게 됩니다. 때로 우리는 자신의 소원을 아뢸 때나 다른 사람을 위해 중보할 때, 친구처럼 하나님께 제안하고 조언하기도 합니다. 하나님도 우리를 강제하거나 위협하지 않고 설득하시며 기다려 주십니다. 서로에 대한 신뢰와 사랑 안에서 자유롭게 말하고 듣는 기도는 성령 안에서 이루어지는 기도입니다. **기도는 참된 자유를 주시는 성령 안에서 함께 자유를 누리는 것입니다.** 사랑 안에서 물어보는 자유, 의존하는 자유, 순종하는 자유의 훈련은 기도를 통해, 기도 안에서 이루어집니다. 하나님은 우정 안에서 누리는 기도 안에서 강요하거나 협박하지 않는 은혜, 물어보고 설득하는 은혜, 배려하고 돌보시는 은혜로 우리를 찾아오십니다.

예수님은 우리를 친구 관계로 초대하십니다. 그러므로 우정 안에서 누리는 기도는 호감과 신뢰 가운데 무엇이든 아뢸 수 있습니다(요 14:13-14, 15:16; 빌 4:6-7). 동시에 응답의 확신을 가질 수 있습니다(막 11:24). 친구에 대한 존경으로 인해 진솔하게 대화하지만, 서로에 대한 인격의 존중을 통해 서로 경계선을 넘지 않습니다. 각자의 정체성을 훼손하지 않으면서 서로의 미래를 기대하며, 약속과 신뢰를 기반으로 꾸준하게 소통합니다. 친구로서 신뢰와 함께 담대하게 간구할 수 있는 것은 이런 우정 안에서라야 가능한 것입니다. 친구를 위해 자신의 생명을 내어주신 예수님은 자신의 이름을 위하여 우리가 간구한 모든 것에 응답하기를 원하십니다. 이런 점에서 우리는 하나님의 친구로서 하나님의 나라에 참여합니다. 세계의 불의와 불행 때문에 하나님께 우리의 신음과 탄식을 전달할 때 하나님은 신음하고 탄식하는 자들을 위해 우리가 우정을 베풀 것을 요구하십니다. 하나님은 인간의 기도를 들어주심으로써 자신의 우정을 보여주시고 우리와 손을 맞잡고 일하기를 기다리십니다

그런 의미에서 **하나님 나라는 우정 안에서 누리는 기도와 밀접하게 관련되어 있습니다.** 특히 예수님께서 가르쳐 주신 주기도문(눅 11:1-4; 마 6:9-13)은 기도와 행동의 관계를 적절하게 표현합니다. **기도는 청원**(petition)**과 헌신**(commitment)**이 포함된 것입니다.** 하나님의 약속은 우리의

믿음을 통해 역사하며 하나님의 계획은 우리의 기도를 통해 성취됩니다. 우리의 기도는 하나님을 향한 단순한 간구로 끝나는 것이 아니라, 구한 대로 이루어지도록 우리의 결단과 책임 있는 행동이 뒤따르는 것이어야 합니다. 하늘의 창문만 열어놓고 우리가 아무것도 하지 않는 것이 아니라, "기도하고 동시에 일하는"것이 바로 우리의 몫입니다. 우리의 기도는 하나님의 앞서는 행동(action)과 이에 뒤따르는 인간의 응답(reaction)으로 구성됩니다. 그런 의미에서 **기도는 세상에서 가장 창의적이고 역동적인 일입니다.**

몰트만은 하나님 나라의 관점에서 새롭게 기도를 해석합니다. 기도를 통하여 하나님의 현존을 경험하는 자들은 감정의 경직과 무감각을 벗어나 주기도문의 첫째 기도처럼 하나님 나라의 실현을 간구합니다. 이때 우리는 세계 곳곳에서 신음하는 피조물과 희생자들의 소리를 듣게 되며 피조물에 대한 하나님의 사랑을 느낄 수 있게 됩니다. 이러한 하나님을 향한 기도는 우리의 모든 감각을 일깨우며 정신을 새롭게 하는 것입니다. 깨어 기도한다는 것은 우리가 단지 "신비적으로 눈을 감고 기도하는 것이 아니라, 오히려 이 세상 속에서 하나님의 미래를 향해 눈을 크게 뜨고 메시아적으로 기도"하는 것입니다. 이렇게 깨어 있음을 통해 하나님의 역사에 대한 기대로 충만해집니다. 결과적으로 깨어 있음을 통하여 우리는 하나님 나라의 현존을 드러내어 가난한 자들에 대한 자비를 행할 수 있습니다. 몰트만에 의하면 기도와 깨어 있음에 중요한 것은 "열린 눈을 가지고 매일의 삶을 살아가는 것, 보잘 것 없는 비천한 사람들 속에서 그리스도를 인지하는 것, 그리고 성령 충만하여 적절한 시기에 옳은 일을 행하는 것"입니다.

이렇게 우리의 기도는 이 땅에서 하나님 나라에 참여하는 파트너십을 누리는 삶의 방식입니다. 하나님의 헤세드에 접촉하여 우리의 심장을 긍휼로 가득 채우며, 따스한 손과 발을 펼치는 우정 안에서의 기도입니다. 우리의 기도는 단지 손을 뻗어 도움을 요청하는 것이 아니라, 이웃을 향해 두 팔을 벌리고, 온 세상의 아픔을 감싸며, 치유와 회복의 능력을 덧입어 하나님 나라를 위해 일하는 것입니다. 성령 안에서 온갖 기회를 잡아 자비를 행하는 것입니다(엡 6:18).

Moltmann, Jürgen. *Theologie der Hoffnung*, 이신건 옮김. 『희망의 신학』. 서울: 대한기독교서회, 2017.

Moltmann, Jürgen. *Der gekreuzigte Gott*. 김균진 옮김. 『십자가에 달리신 하나님』. 서울: 대한기독교서회, 2017.

Moltmann, Jürgen. *Kirchen der Kraft des Geistes*. 이신건 옮김. 『성령의 능력 안에 있는 교회』. 서울: 대한기독교서회, 2017.

Moltmann, Jürgen. *Trinität une Reich Gottes*. 김균진 옮김. 『삼위일체와 하나님의 나라』. 서울: 대한기독교서회, 2017.

Moltmann, Jürgen. *Gott in der Schöffung*, 김균진 옮김. 『창조 안에 계신 하나님』. 서울: 대한기독교서회, 2017.

Moltmann, Jürgen. *Der Weg Jesu Christi*. 김균진·김명용 옮김. 『예수 그리스도의 길』. 서울: 대한기독교서회, 2017.

Moltmann, Jürgen. *In der Geschichte des dreieinigen Gottes*. 이신건 옮김. 『삼위일체와 하나님의 역사』. 서울: 대한기독교서회, 2017.

Moltmann, Jürgen. *Der Geist des Lebens-Eine ganzheitliche Pneumatologie*, 김균진 옮김. 『생명의 영』. 서울: 대한기독교서회, 2017.

Moltmann, Jürgen. *Die Quelle des Lebens-Der Heilige Geist und der Theologie des Lebens*. 이신건 옮김. 『생명의 삶』. 서울: 대한기독교서회, 2017.

Moltmann, Jürgen. *Das Kommen Gottes*. 김균진 옮김.『오시는 하나님』. 서울: 대한기독교서회, 2017.

Moltmann, Jürgen. *Erfahrungen Theologischen Denkens*. 김균진 옮김. 『신학의 방법과 형식』. 서울: 대한기독교서회, 2015.

Moltmann, Jürgen. *Im Ende - der Anfang*. 곽미숙 옮김.『절망의 끝에 숨어 있는 새로운 시작』. 서울: 대한기독교서회, 2006.

Moltmann, Jürgen. *Ethik der Hoffnung*. 곽혜원 옮김.『희망의 윤리』. 서울: 대한기독교서회, 2017.

Moltmann, Jürgen. *Wissenschft und Weisheit*. 김균진 옮김.『과학과 지혜』. 서울: 대한기독교서회, 2003.

Moltmann, Jürgen. *Der Lebendige Gott und Die Fülle des Lebens*, 박종화 옮김.『살아계신 하나님과 풍성한 생명』. 서울: 대한기독교서회, 2017.

Moltmann, Jürgen. *Auferstand in das ewige Leben*. 이신건 옮김.『나는 영생을 믿는다』. 서울: 신앙과지성사, 2020.

Moltmann, Jürgen. *Wer ist Christus für uns Heute?*. 이신건 옮김.『오늘 우리에게 그리스도는 누구신가?』. 서울: 대한기독교서회, 2017.

Moltmann, Jürgen. *Wo Christ ist, da ist Leben*. 채수일 옮김.『그리스도가 계신 곳에 생명이 있습니다』. 서울: 대한기독교서회, 2017.